DIE 7 TECHNIKEN DER KONFLIKTLÖSUNG

Meistern Sie gewaltfreie und effektive Kommunikationsfähigkeiten, um alltägliche Konflikte am Arbeitsplatz, in Beziehungen und in wichtigen Gesprächen zu lösen

GERARD SHAW

© **Copyright 2020 - Alle Rechte vorbehalten.**

Der in diesem Buch enthaltene Inhalt darf ohne direkte schriftliche Genehmigung des Autors oder Herausgebers nicht reproduziert, vervielfältigt oder übertragen werden.

Unter keinen Umständen wird dem Verlag oder Autor die Schuld oder rechtliche Verantwortung für Schäden, Wiedergutmachung oder finanziellen Verlust aufgrund der in diesem Buch enthaltenen Informationen direkt oder indirekt übertragen.

Rechtliche Hinweise:

Dieses Buch ist urheberrechtlich geschützt und nur für den persönlichen Gebrauch bestimmt. Ohne die Zustimmung des Autors oder Herausgebers darf der Leser keinen Inhalt dieses Buches ändern, verbreiten, verkaufen, verwenden, zitieren oder umschreiben.

Haftungsausschluss:

Bitte beachten Sie, dass die in diesem Dokument enthaltenen Informationen nur zu Bildungs- und Unterhaltungszwecken dienen. Es wurden alle Anstrengungen unternommen, um genaue, aktuelle, zuverlässige und vollständige Informationen zu liefern. Es werden keine Garantien jeglicher Art erklärt oder impliziert.

Die Leser erkennen an, dass der Autor keine rechtlichen, finanziellen, medizinischen oder professionellen Ratschläge erteilt. Durch das Lesen dieses Dokuments stimmt der Leser zu, dass der Autor unter keinen Umständen für direkte oder indirekte Verluste verantwortlich ist, die durch die Verwendung der in diesem Dokument enthaltenen Informationen entstehen, einschließlich, aber nicht beschränkt auf Fehler, Auslassungen oder Ungenauigkeiten.

BONUSHEFT

Mit dem Kauf dieses Buches haben Sie ein kostenloses Bonusheft erworben.

In diesem Bonusheft „Morgenroutinen der Gewinner" erhalten Sie Übungen, die Sie in Ihrem Alltag problemlos anwenden können, um Ihr Selbstbewusstsein zu steigern.

Alle Informationen darüber, wie Sie sich schnell dieses Gratis-Bonusheft sichern können, finden Sie am <u>Ende dieses Buches</u>.

Beachten Sie, dass dieses Heft nur für eine begrenzte Zeit kostenlos zum Download zur Verfügung steht.

INHALTSVERZEICHNIS

Einführung 1

Kapitel 1: Die Welt der Konflikte verstehen 5

Kapitel 2: Die Grundlagen des Konfliktmanagements 17

Kapitel 3: Konfliktmanagement-Technik 01 - Die Beherrschung der Konversation durch verbale Kommunikation 29

Kapitel 4: Konfliktmanagement-Technik 02 - Die Beherrschung der Konversation durch nonverbale Kommunikation 43

Kapitel 5: Konfliktmanagement-Technik 03 - Der Umgang mit Emotionen 59

Kapitel 6: Konfliktmanagement-Technik 04 - Meinungsänderung durch Überzeugungsarbeit und Verhandlung 71

Kapitel 7: Konfliktmanagement-Technik 05 - Emotionale Intelligenz entwickeln, damit Sie Konflikte wie eine Führungskraft lösen können 85

Kapitel 8: Konfliktmanagement-Technik 06 - Die Strategie des Friedens 97

Kapitel 9: Konfliktmanagement-Technik 07 - Die Kraft der Aufgeschlossenheit 115

Fazit 123

Verweise 127

Bonusheft 131

EINFÜHRUNG

Warum ist Konfliktmanagement so wichtig? In diesem Buch werden Sie lernen, dass Konflikte und Fähigkeiten zum Konfliktmanagement für Ihren Erfolg und Ihr persönliches Wachstum entscheidend sind. Jeder Mensch erlebt Konflikte während seines gesamten Lebens. Konflikte entstehen, weil jeder Mensch einzigartig ist. Wir alle interpretieren und kommunizieren Gedanken unterschiedlich, und wir haben nicht immer die gleichen Vorlieben oder den gleichen Standpunkt. Konflikte können als ungesund und schädlich angesehen werden, und sie können uns oft stressen und unser Glück und unsere Leistungsfähigkeit beeinträchtigen. Wenn wir jedoch den Konflikt nutzen, um ein besseres Verständnis mit den Menschen um uns herum zu entwickeln, kann dies eine positive Erfahrung sein. Denn durch Konflikte kann man viel über sich selbst lernen und so Hilfsmittel für das tägliche Leben erhalten.

Dieses Buch ist für Menschen wie Sie konzipiert, die sich nicht sicher sind, wie sie mit Konflikten umgehen sollen. Vermeiden Sie Konflikte und Konfrontationen? Hatten Sie schon immer Probleme damit Ihre Meinung zu äußern? Eskalieren Ihre Konflikte und gerät immer alles außer Kontrolle? Wünschen Sie sich, dass mehr Positives aus den Konflikten in Ihrem Leben herauskommt? In den ersten beiden Kapiteln dieses Buches erfahren Sie, was Konflikte sind, wodurch sie verursacht werden und wie jeder von uns auf seine eigene Weise damit umgeht. Der Rest des Buches bietet Ihnen sieben Techniken, die im Detail erklärt werden, damit Sie jeden Konflikt mit Zuversicht angehen und lösen können.

Diese sieben Techniken sind:

1. Die Beherrschung der Konversation durch verbale Kommunikationsmittel.
2. Die Beherrschung der Konversation durch nonverbale Kommunikationsmittel.
3. Die Beherrschung der Emotionen.

4. Meinungsänderung durch Überzeugungsarbeit und Verhandlung.
5. Entwicklung emotionaler Intelligenz, damit Sie Konflikte wie eine Führungskraft lösen können.
6. Die Strategie des Friedens.
7. Die Kraft der Aufgeschlossenheit.

Diese sieben Techniken werden in diesem Buch in allgemeiner Form sowie in vielfältiger Weise vorgestellt, damit Sie unsere Techniken an Ihre Situation anpassen können. Anhand von Beispielen werden Konzepte veranschaulicht, sodass Sie die Informationen in den richtigen Kontext stellen können. Einer der Gründe, warum Konflikte schwierig zu lösen sind, liegt darin, dass wir in unseren eigenen Gedanken feststecken und darauf bestehen unseren Standpunkt zu vermitteln. Es gibt viel mehr als nur Ihre eigenen Standpunkte, die es zu berücksichtigen gilt. Durch Einfühlungsvermögen und effektives Zuhören können wir uns auf positivere Weise auf andere einlassen. Engagement, Selbstreflexion und die in diesem Buch vorgestellten Techniken vermitteln Ihnen das Wissen, um Konflikte und deren Ursachen besser zu verstehen.

Sie werden in der Lage sein Ihre eigenen Auslöser zu identifizieren und zu erkennen, wie Sie zum Streit beitragen. Oft ist uns nicht bewusst, dass wir zu dem Problem beitragen. Dieses Buch soll Ihnen helfen, einen Schritt zurückzutreten, Ihre Emotionen in den Griff zu bekommen, Sie zum Erfolg zu motivieren und Konflikte mit Zuversicht zu lösen. Unsere Methoden sind einfach zu befolgen, sodass Sie sie schnell erlernen und jederzeit üben können.

Dieses Buch wird Ihnen helfen, Konflikte in Ihnen selbst zu verstehen und zu begreifen, wie Sie anstehende Konflikte erkennen, wie Sie zu Konflikten mit anderen beitragen und welche äußeren Faktoren bei der Lösung eine Rolle spielen. Wenn Sie dieses Buch zu Ende gelesen haben, werden Sie eine andere Sichtweise auf Konflikte und Konfliktmanagement haben. Wenn Sie der Konflikte in Ihren Beziehungen und in Ihnen selbst satt sind, warum sollten Sie dann länger mit der Lösung warten? Anstatt zu zögern, können Sie mit der Lösung des Problems beginnen, indem Sie jetzt mehr darüber lesen. Dieses Buch gibt Ihnen alle Methoden, die Sie brauchen, damit Sie in jeder Situation, in der Sie sich befinden, wissen, was Sie sagen sollen, wie Sie es sagen sollen und wie Sie ein positiveres Ergebnis erzielen können. Wenn Sie dieses Buch lesen und unsere sieben Techniken anwenden, werden Sie besser gerüstet sein, um Probleme und Konflikte in Ihrem eigenen Leben zu lösen.

Dieses Buch kommt mit einer KOSTENLOSEN Broschüre über das Meistern der Routine, die Ihre Ruhe und Ihr Selbstvertrauen täglich verbessern wird. Am Ende dieses Buches finden Sie Anweisungen, wie Sie sich Ihr Exemplar heute noch sichern können.

KAPITEL 1:

Die Welt der Konflikte verstehen

Was ist ein Konflikt? Ein Konflikt entsteht in der Regel, wenn zwei oder mehr Personen sich in einer Sache nicht einig sind und die Uneinigkeit zu Wut, Feindseligkeit oder Hass führt. Ein Unterschied in der Wahrnehmung, den Überzeugungen oder Meinungen steht oft im Vordergrund eines Konfliktes. Sie können aber auch mit sich selbst im Konflikt stehen. Vielleicht stellen Sie Ihre Wahrnehmungen oder Überzeugungen in Frage, oder Sie sind sich nicht sicher, welche Entscheidungen Sie treffen sollen. Vielleicht stehen Sie infolge eines Konfliktes mit jemand anderem in Konflikt mit sich selbst. Drei der Hauptdiskussionsthemen, die am häufigsten zu Konflikten führen, sind: Geld, Religion und Politik. Diese Themen lassen sich mit den Begriffen Wirtschaft, Werte und Macht beschreiben.

Wirtschaftlicher Konflikt: Den beteiligten Gruppen oder Einzelpersonen stehen nur begrenzte Ressourcen zur Verfügung. Jeder Einzelne hat seine eigene Meinung darüber, wie die begrenzten Ressourcen rationiert werden sollen. Die Individuen diskutieren oder debattieren über die Verteilung von Reichtum oder Vermögen. Wenn sie sich nicht einigen können, eskaliert das Thema zu einem Konflikt zwischen den Parteien.

Wertekonflikt: Diese Konflikte treten typischerweise dann auf, wenn die Überzeugungen und die Moral einer Person mit denen einer anderen Person in Konflikt stehen. Die Auseinandersetzung dreht sich oft um Verhalten, Religion, Kultur oder soziale Fragen. Eine Partei möchte, dass die andere(n) Partei(en) glaubt (glauben) oder sich in einer Weise verhält (verhalten), die mit der sozialen Norm übereinstimmt, die sie für überlegen hält. Die Weigerung einer der beiden Parteien sich zu ändern, kann zum Konflikt eskalieren.

Machtkonflikt: Machtkonflikte entstehen vor allem im politischen und organisatorischen Bereich, mit autoritären Persönlichkeiten oder Gruppen des öffentlichen Lebens. Machtkonflikte können aber auch zwischen Einzelpersonen auf persönlicher Ebene entstehen. Wenn sich die politischen Werte unterscheiden oder eine Person oder Gruppe versucht, die Entscheidungsfreiheit anderer Parteien zu beschränken, kann dies zu einem Konflikt führen.

Unabhängig davon, ob der Konflikt auf Wirtschaft, Werten oder Macht beruht, ist der erste Schritt zur Lösung des Konfliktes, die Ursachen zu ergründen. Wenn Sie verstehen, worum es in dem Konflikt geht und warum er eskaliert ist, ist die Wahrscheinlichkeit größer, dass es Ihnen gelingt, die problematische Situation zu lösen oder beiseite zu legen. Egal, ob der Konflikt in uns oder mit anderen passiert, wenn wir einen Schritt zurücktreten und die Ursachen des Konfliktes bewerten, lernen wir die Grenzen der anderen und unserer selbst kennen.

Viele Menschen betrachten Konflikte als etwas Schlechtes, aber sie können auch etwas Positives sein. Ein Konflikt ist dann negativ und ungesund, wenn sich die Menschen im Konflikt angegriffen, verletzt, ungehört, irregeführt oder missverstanden fühlen. Was einen Konflikt gesund macht, ist die Bereitschaft, ihn zu lösen. Ein Konflikt ist positiv, wenn er dazu führt, dass beide Parteien beschließen sich darauf zu einigen, nicht zuzustimmen oder Kompromisse einzugehen, um die Situation zu entschärfen.

Es gibt sehr ungesunde Methoden Konflikte zu lösen, und darauf greifen die meisten Menschen zurück, wenn sie mit belastenden Angelegenheiten umgehen. Einige Menschen haben grundlegende Charaktereigenschaften wie Wutanfälle, Überlegenheitskomplexe, narzisstische oder soziopathische Züge. Dies treibt sie dazu impulsiv zu handeln und sich impulsiv zu verhalten oder mit Feindseligkeit und Wut zu reagieren, wenn sie damit konfrontiert werden. Andere Menschen sind vielleicht in einem Umfeld aufgewachsen, in dem Konflikte auf negative oder verletzende Weise gelöst wurden, sodass sie dieses Verhalten nachahmen. Manche Menschen vermeiden Konflikte ganz und gar. Einige der ungesunden Arten, wie Menschen mit Konflikten umgehen, sind unten aufgeführt.

Meiden und Verleugnen: Vermeiden oder Verleugnen wird eingesetzt, wenn sich Menschen aus der Situation heraushalten und sich weigern sie zu besprechen oder zu lösen. Sie tun oft so, als gäbe es kein Problem und sagen Dinge wie "Alles in Ordnung." oder "Es gibt kein Problem.", wenn sie nach dem Thema gefragt werden. Dies führt selten zu einer Lösung. Das Problem verschwindet nicht. Stattdessen verweilt es im Hintergrund und schwelt, um sich später in eine größere Auseinandersetzung zu verwandeln.

Schuldzuweisung: Dies tritt auf, wenn eine Partei der anderen Partei vorwirft, an der Situation schuld zu sein. Die Schuldzuweisungen ergeben sich aus Wut und persönlicher Unsicherheit und eskalieren im Konflikt nur noch weiter. Die Person, die die andere beschuldigt, denkt, dass sie die Situation dadurch lösen kann, indem sie die andere Partei für ihre Handlungen verantwortlich macht. Dies kann als Angriff wahrgenommen werden und dazu führen, dass der andere in die Defensive gedrängt wird, sich weigert, die Schuld zu übernehmen und im Gegenzug die andere Partei beschuldigt. Dies kann schnell eskalieren und zu hitzigen Kämpfen führen.

Macht und Einfluss: Der Versuch, einen Konflikt auf diese Weise zu lösen, bedeutet, dass die Parteien auf Kosten des anderen um den "Sieg" konkurrieren. Der primäre Zweck ist es, die Auseinandersetzung zu gewinnen, anstatt die Perspektive des anderen zu verstehen. Negative Verhaltensweisen können dazu dienen, die andere Partei zum Aufgeben zu verleiten oder sie zum Verlieren zu bringen. Zu den Taktiken gehören Bedrohungen der Arbeitsplatzsicherheit, das Ausnutzen von Dingen gegeneinander, Beschwerden, Sabotage usw. Wenn jemand "gewinnt", mag er denken, dass der Kampf vorbei ist; der "Verlierer" wird jedoch wahrscheinlich nachtragend, ängstlich oder traurig sein.

Manipulation: Manipulation gibt es in vielen Formen, z. B. Gehirnwäsche, psychische Gewalt, Kontrolle über das Vermögen, passive Aggressivität, Schuldgefühle und ungerechte Kompromisse. Manipulatoren versuchen lediglich, eine Situation zu ihren Gunsten zu lösen, und ihre vermeintlichen Bemühungen um eine Lösung sind in der Regel eigennützig. Beispiele für manipulatives Verhalten sind folgende Szenarien: Eine Person hat einen Vorschlag, lässt es aber so aussehen, als wäre der Vorschlag von der anderen Person gekommen, um die Chance zu erhöhen, dass der Vorschlag akzeptiert wird. Es kann ein Kompromiss vorgeschlagen werden, der aber für eine Partei nicht fair zu sein scheint. Wenn diese Partei sich nun weigert, sieht es so aus, als sei sie nicht kooperativ. Man könnte sagen: "Wenn du wirklich loyal wärst, würdest du X für mich tun."

Phasen des Konfliktes

Ein Konflikt kann sowohl positiv als auch negativ sein und sowohl positive als auch negative Folgen haben. Eine positive Art und Weise, an einen Konflikt heranzugehen, besteht darin, aus der Situation zu lernen. Aus einer positiven Perspektive brauchen wir den Konflikt, um unsere Fähigkeiten zur Problemlösung zu entwickeln und um unser persönliches Wachstum zu fördern. Das Ergebnis kann positiv sein, wenn sich die Parteien einvernehmlich einigen. Der Konflikt kann negativ sein, wenn wir uns dafür entscheiden, aggressiv damit umzugehen. Der Ausgang ist negativ, wenn der Konflikt zur Zerstörung einer Beziehung führt. Unabhängig davon, ob der Konflikt positiv oder negativ ist, gibt es gemeinsame Phasen für alle Konflikte.

Die fünf Phasen des Konfliktes sind:

1. Die verborgene Phase.
2. Die wahrgenommene Phase.
3. Die gefühlte Phase.
4. Die offensichtliche Phase.
5. Die Phase des Nachspiels.

Die **verborgene Phase** eines Konfliktes bedeutet, dass etwas geschieht, das später zu einer ungünstigen Situation führt, aber niemand sich dessen bewusst ist. Ihr Mitbewohner bittet Sie beispielsweise darum, Shampoo und Spülung für ihn aus dem Supermarkt zu holen, da Sie ohnehin dort hingehen. Wenn Sie in den Laden kommen, kaufen Sie ein Shampoo und eine Spülung, ohne zu wissen, dass er diese Marke nie benutzen würde. Dies ist die latente Phase des Konfliktes. Keiner von Ihnen wusste, dass diese Transaktion ein Problem mit sich bringen würde.

Die **wahrgenommene Phase** eines Konfliktes besteht, wenn beide Parteien oder die Gruppe von Personen wissen und verstehen, dass ein Konflikt stattfindet. Wenn Sie mit den Haarprodukten nach Hause kommen, kommt es zu einem Streit, weil ihm die Marke, die Sie ihm gekauft haben, nicht gefällt und er sie nicht behalten will. Sie meinen, er sollte mit dem, was Sie ausgewählt haben, zufrieden sein, da er nicht spezifiziert hat, was er will. Ebenso können zwei Mitarbeiter, die gemeinsam an einem Projekt arbeiten, unterschiedliche Vorstellungen darüber haben, was zu tun ist. Niemand ist zu Kompromissen bereit, und sie beginnen sich darüber zu streiten, welchen Plan sie unterstützen wollen.

In der **gefühlten Phase** werden Gefühle wie Angst, Nervosität oder Wut von einer oder von allen Person(en) im Konflikt empfunden. Im Beispiel mit den Mitbewohnern geschieht die gefühlte Phase, wenn beide Personen, aufgrund der fehlenden Kommunikation und der anschließenden Beschuldigung über das Shampoo und die Pflegespülung, aufgebracht sind. Ihr Mitbewohner ist verärgert, weil er annimmt, Sie wüssten, welche Art von Shampoo Sie kaufen sollten, weil Sie sich die gleiche Dusche teilen. Sie sind verärgert, weil er undankbar ist für den Gefallen, den Sie ihm getan haben.

In der **offensichtlichen Phase** ist der Konflikt jetzt im Gange und entweder eskaliert er oder es werden Versuche unternommen, ihn zu lösen. Im Beispiel der beiden Mitbewohner sind diese nach einem längeren Streit bereit, entweder selbst einkaufen zu gehen oder genauer zu sagen, was sie wollen. Wenn der Konflikt am Arbeitsplatz zwischen zwei Mitarbeitern eskaliert, könnten diese einen Manager fragen, welcher Ansatz am besten zu den Bedürfnissen des Kunden passt.

Die letzte **Phase** ist das **Nachspiel**. Dies geschieht nachdem die vorhergehenden Phasen ihren Lauf genommen haben und das Problem auf die eine oder andere Weise gelöst wird. Am Beispiel der Mitbewohner und des Arbeitsplatzes hatten beide Konflikte eine positive Nachwirkung. Eine negative Folge wäre gewesen, wenn der Streit der Mitbewohner so weit eskaliert wäre, dass sie nicht mehr zusammenleben könnten, oder wenn einer der Mitarbeiter gekündigt hätte, weil er es nicht ertragen konnte, dass er sich nicht durchgesetzt hat.

Neben dem Verständnis der verschiedenen Phasen des Konfliktes ist es wichtig, die verschiedenen Arten des Konfliktes zu verstehen. Es gibt fünf grundlegende Arten von Konflikten.

1. Konflikt mit sich selbst.
2. Zwischenmenschlicher Konflikt.
3. Der Konflikt zwischen einer Person und einer Gruppe.
4. Der Konflikt zwischen Gruppen.
5. Der Konflikt zwischen Organisationen.

Die erste Art von Konflikt ist der **Konflikt mit sich selbst**. Das bedeutet in der Regel, dass Sie erwägen, einen Wert, eine Grenze oder eine Moral zu verletzen, die Ihnen wichtig ist, oder dass Sie eine schwierige Entscheidung treffen müssen. Vielleicht denken Sie über die Meinung einer anderen Person nach und wissen nicht, wie Sie reagieren sollen. Vielleicht sind Sie sowohl ehrlich als auch loyal, und ein Freund bittet Sie, für ihn zu lügen. Das würde Ihre Werte verletzen, und Sie könnten in einen Konflikt geraten, weil Sie Ihrem Freund gegenüber ehrlich und loyal sein wollen. Sie könnten sich fragen, ob er für Sie wirklich einen Freund darstellt, wenn er Sie bittet, in Ihrem Namen unehrlich zu sein. Dies sind bedeutende innere Konflikte.

Die nächste Art von Konflikt ist der **zwischenmenschliche Konflikt**. Dieser ist wahrscheinlich die häufigste Art von Konflikten, und er findet zwischen zwei oder mehreren Personen statt. Ein Beispiel dafür wäre, wenn zwei Menschen in die gleiche Person verliebt sind und beide um die Aufmerksamkeit dieser Person konkurrieren. Ein weiteres Beispiel ist am Arbeitsplatz zu finden. Drei Personen kommen für eine Beförderung in Frage, und alle haben die Stelle gleichermaßen verdient, aber nur eine Person kann sie bekommen. Dies führt zu Konflikten zwischen den Mitarbeitern, wenn sie miteinander konkurrieren und wenn einer "gewinnt". Es kann auch zu Konflikten zwischen den Mitarbeitern und dem Arbeitgeber führen, der für die Entscheidung verantwortlich ist.

Die dritte Art von Konflikt ist der **Konflikt zwischen einer Person und einer Gruppe**. Der Konflikt zwischen einer Gruppe und einer Einzelperson entsteht, wenn eine Person nicht mit dem Standpunkt der Gruppe übereinstimmt, aber aufgrund der Vorteile, die sich aus der Teilnahme an der Gruppe ergeben, mit dieser auskommen will. Wenn Sie zum Beispiel in einem Buchclub sind und konstruktive Kritik über Ihre Ansichten erhalten, stimmen Sie möglicherweise nicht mit der Gruppe überein. Sie können nur dann in der Gruppe bleiben, wenn Sie miteinander auskommen, also müssen Sie entscheiden, ob die Meinungsverschiedenheit wichtiger ist als Ihre Beteiligung an der Gruppe insgesamt. Ein anderes Beispiel ist die Teilnahme an einer Gruppe, die sich streitet, weil einige Leute eine Petition für etwas erstellen wollen, aber Sie glauben, dass es Zeitverschwendung für die Gruppe ist.

Der Konflikt zwischen Gruppen entsteht vor allem am Arbeitsplatz und in Unternehmen und Betrieben. So kann es beispielsweise zu Konflikten innerhalb eines Unternehmens kommen, wenn ein neuer CEO und ein neues Management-Team zur Umstrukturierung eingestellt werden. Wenn diese mit Ideen für die Schaffung einer neuen Abteilung des Unternehmens kommen, werden die Leute, die schon lange im Unternehmen tätig sind, die Ideen der Neuankömmlinge möglicherweise nicht begrüßen. Dies kann zu Konflikten zwischen Mitarbeitergruppen führen.

Der Konflikt zwischen Organisationen tritt hauptsächlich zwischen zwei Organisationen auf, z. B. zwischen Käufern und Lieferanten, Gewerkschaften und Unternehmen, Regierungsbehörden und Interessengruppen. Diese Organisationen können sich voneinander unterscheiden oder unterschiedliche Prioritäten hinsichtlich dessen haben was geschehen soll oder wie die Dinge funktionieren sollen.

Der Konflikt kann persönlicher oder beruflicher Natur sein. Er kann zwischen zwei Personen oder zwei Großkonzernen stattfinden. Er kann in kleinem oder großem Ausmaß stattfinden. Ganz gleich was passiert, es ist wahrscheinlich, dass wir in unserem Leben auf Konflikte stoßen. Das Erkennen und Verstehen der dem Konflikt zugrunde liegenden Ursachen ist ein wichtiger Aspekt des Konfliktmanagements.

Ursachen von Konflikten

Es gibt viele Ursachen für Konflikte. Um positive Ergebnisse zu erzielen und Fehler zu vermeiden, ist es wichtig, die Ursachen von Konflikten zu verstehen. Wir wissen, dass die Ursachen von Konflikten in der Regel mit Wirtschaft, Werten und Macht zusammenhängen. Ungeachtet dessen, worüber die Menschen streiten, gibt es viele Handlungen und Verhaltensweisen, die gewöhnlich zur Einleitung oder Eskalation von Konflikten führen. Diese häufigen Konfliktursachen sind:

- Fehlende Kommunikation.
- Mangel an Informationen.
- Fehlinterpretation.
- Unterschiedliche Perspektiven.
- Destruktive Denkmuster.
- Die Unfähigkeit, unsere Emotionen zu regulieren.

Diese Dinge können die Entwicklung eines Konfliktes beeinflussen, sei es bei der Arbeit, in Ihren Beziehungen oder in Ihnen selbst. Die häufigste Art und Weise, einen Konflikt zu verhindern, bevor er beginnt, ist, sich selbst und seiner Umgebung bewusst zu werden. Wir können unsere Reaktionen und Verhaltensweisen kontrollieren. Wenn Probleme auftauchen, liegt das meistens daran, dass man den Emotionen freien Lauf lässt, ohne innezuhalten und sich von der ganzen Situation zu entfernen. Viele Menschen haben damit zu kämpfen, weil sie sich ihrer Gefühle nicht bewusst sind, weil sie emotional impulsiv sind oder die Zeichen um sie herum nicht erkennen. Hier sind weitere Beispiele für die Ursachen von Konflikten in den verschiedenen Bereichen unseres Lebens:

Beruflicher Konflikt

- Manipulationstechniken, um in der Karriereleiter des Unternehmens voranzukommen.
- Wettbewerb um Anerkennung, Beförderung oder Gehaltserhöhungen.
- Nicht genügend Wachstum innerhalb eines Unternehmens oder einer Organisation.
- Unterschiedliche Überzeugungen darüber, wie das Management sein sollte.
- Terminzwänge.
- Mangel an Informationen zwischen verschiedenen Gruppen.
- Unterschiedliche Meinungen und Denkweisen.

Beziehungen und zwischenmenschlicher Konflikt in Beziehungen

- Starke Emotionen.
- Beurteilung oder Etikettierung.
- Defensive oder offensive Kommunikationsmethoden.
- Schlechte Kommunikationsfähigkeiten.
- Unklare Signale.
- Pessimistisches Verhalten.

Persönlicher Konflikt

- Wenn eine Handlung nicht mit Ihren moralischen oder persönlichen Werten übereinstimmt.
- Unterschiedliche Meinungen oder Überzeugungen von jemand anderem.
- Wenn Sie sich in einer kompromittierenden Situation befinden.
- Eine Identitätskrise - oder wenn Sie sich selbst nicht ausreichend kennen.

Sobald wir die Phasen und Ursachen eines Konfliktes erkennen, sind wir besser gerüstet, ihn anzugehen und seinen Ausgang zu beeinflussen.

Zusammenfassung des Kapitels

Wie Sie gelernt haben, sind Konflikte und ihre Lösung komplizierter, als die meisten denken. In diesem Kapitel konnten wir feststellen, was ein Konflikt ist und wie er beginnt. Des Weiteren wurden folgende Themen behandelt:

- Ungesunde Art und Weise, mit Konflikten umzugehen.
- Die Phasen von Konflikten.
- Die Ursachen von Konflikten.
- Die Arten von Konflikten.

In den folgenden Kapiteln lernen Sie zunächst die Grundlagen des Konfliktmanagements kennen, dann die sieben Techniken des Konfliktmanagements und wie diese in der Praxis umgesetzt werden können.

KAPITEL 2:

Die Grundlagen des Konfliktmanagements

Bevor wir in die sieben Techniken des Konfliktmanagements eintauchen, müssen wir zunächst die Grundlagen des Konfliktmanagements verstehen. Beim Konfliktmanagement geht es nicht nur darum, sich seiner selbst bewusst zu werden und Geduld mit sich selbst und mit der Person zu haben, mit der man im Konflikt steht. Es geht darum zu begreifen, warum sich jemand so verhält, wie er es tut, seine eigenen Emotionen zu regulieren und die besten Problemlösungen zu finden, die man dann im richtigen Moment einsetzen kann. Zu den Grundlagen des Konfliktmanagements gehört es, die Anzeichen eines Konfliktes zu erkennen, bevor er entsteht, was während des Konfliktes zu tun ist und wie man auf die Folgen eines Streits reagieren soll.

Jeder hat seine eigene Art und Weise, mit Konflikten umzugehen und Lösungen zu finden, und kein Konflikt ist gleich, weil keine Person oder Situation identisch ist. Konfliktmanagement ist eine wichtige Lebenskompetenz, denn sie kann Ihnen helfen, das Leben besser zu meistern, erfolgreicher zu werden und schwierige Situationen taktvoller und professioneller zu bewältigen. Man könnte meinen, dass das Konfliktmanagement voraussetzt, dass man nie die Beherrschung verliert. Das ist falsch.

Wir sind alle Menschen und machen Fehler, sagen Dinge, die wir nicht meinen, und vergessen, was wir von Zeit zu Zeit praktiziert haben. In der Lage zu sein, einen Konflikt zu lösen, bedeutet nicht, dass man sich nie zu Wort melden oder die Beherrschung verlieren darf. Manchmal müssen wir unsere Meinung durchsetzen, um unseren Standpunkt zu verdeutlichen. Das Konfliktmanagement lehrt uns jedoch, wie wir vermeiden können, unsere

Ruhe auf eine Weise zu verlieren, die andere verletzt oder die Lösung der schwierigen Situation gefährdet.

Menschen, die mit Streit und Gewalt zu kämpfen haben, können ein grundlegendes Problem im Umgang mit schwierigen Situationen oder Konfrontationen haben, weil sie ihre eigenen Überzeugungen und Meinungen nicht von denen anderer Menschen trennen können. Wenn jemand die Konfliktauslöser dieser Menschen identifizieren kann, kann er lernen mit jeder Konfrontation umzugehen oder sich darauf vorzubereiten. Wenn man versteht, was die Ursache des Problems ist, kann man leicht einen Schritt zurücktreten und auf kreative Problemlösungen, Teambildung und langfristige Beziehungen hinarbeiten. Dazu müssen Sie herausfinden, was Ihre typische Reaktion auf einen Konflikt ist und wann sie normalerweise einsetzt. Zu lernen, wie man Konfrontationen schnell löst, hat viele Vorteile. Einige davon werden im Folgenden erörtert.

Stärkere Beziehungen

Die meisten starken, positiven Beziehungen basieren auf Vertrauen, Loyalität, Zuverlässigkeit, Grenzen und Respekt. Wenn Sie lernen, wie man Konflikte löst und verstehen, woher sie kommen, können Sie gesündere Beziehungen aufbauen. Ehrlichkeit, gesunde Grenzen und persönliches Durchsetzungsvermögen sind die Grundlagen starker Beziehungen. Nicht jeder Konflikt ist falsch oder ungesund, und es kann in Ordnung sein sich zu streiten oder gesunde Meinungsverschiedenheiten zu haben. Das liegt daran, dass man die Perspektive des anderen verstehen muss, um Beziehungen aufzubauen.

Eine Person muss beispielsweise einen Mitbewohner finden und stellt daher eine Anzeige ins Internet. Sie sehen diese und alles, was angeboten wird, klingt unglaublich gut. Also reagieren Sie darauf und nach ein paar Wochen sind Sie eingezogen. Nach einiger Zeit entsteht ein Konflikt, weil diese Person einen Hund mit nach Hause gebracht hat. Sie sind allergisch und haben ihm schon einmal gesagt, dass Sie gegen Tierhaare allergisch sind. Er hat sich Ihren Wünschen widersetzt, weil er dachte, dass Sie zu diesem Zeitpunkt nicht zu Hause sein würden und dass es keine große Sache sei. Daraufhin bricht ein Streit aus. Nach einer Weile geht Ihr Mitbewohner mit dem Hund spazieren, bis der Besitzer ihn abholt. Als er nach Hause kommt, führen Sie ein gesundes und ruhiges Gespräch. Der Mitbewohner sagt, er habe nicht gemerkt, dass Sie so allergisch sind und dass er in Zukunft kein Tier mehr mit nach Hause bringen wird. Sie glauben, dass er aufrichtig ist und dass man ihm vertrauen kann. Dadurch wächst die Beziehung und Sie bauen eine engere und stärkere Freundschaft auf.

Zielerreichung und Erfolg

Konfliktmanagement-Kenntnisse, können einen bedeutenden Einfluss auf Ihre Fähigkeit haben, erfolgreich zu sein und Ihre Ziele zu erreichen. Wenn Sie Ihre Denkweise ändern, neue Sichtweisen verinnerlichen, Körpersprache und effektive Strategien des Zuhörens erlernen, sind Sie besser gerüstet, alle Herausforderungen anzunehmen. Zum Konfliktmanagement gehört es, sich bewusst zu werden, wie Sie sprechen, wie Ihre Botschaft wahrgenommen wird und wie Sie diese richtig präsentieren können. Dies erfordert Selbstbewusstsein. Man kann nicht einfach eine Konfrontation kommen sehen und sofort wissen, wie man damit umgehen muss. Man muss wissen, was die andere Partei denkt oder fühlt. Diese Fähigkeiten zu beherrschen, erfordert Zeit, Hingabe und Motivation. Beharrlichkeit und Selbstdisziplin sind der Schlüssel zum erfolgreichen Setzen und Erreichen von Zielen.

Das Zeigen von exzellenten Führungs- und Teammanagement-Fähigkeiten

Konfliktmanagement-Fähigkeiten helfen Ihnen, Situationen so zu betrachten, dass jede Konfrontation als ein "Wir" anstatt als ein "Ich" gesehen wird. Eine Führungskraft soll an andere denken und daran, welche Auswirkungen die Entscheidungen auf das Team haben könnten. Eine gute Führungspersönlichkeit zeigt Einfühlungsvermögen für andere und versucht zu verstehen, wie sich Entscheidungen auf die Menschen in ihrem Umfeld auswirken könnten. Andere Menschen effektiv zu führen, erfordert Engagement und die Hingabe, dem Gesagten (dass Sie etwas tun werden) auch Taten folgen zu lassen. Das Konfliktmanagement befähigt Sie ein Anführer zu sein und ein stärkerer Teil eines Teams zu werden.

Neue Perspektiven einnehmen

Unsere Perspektiven haben einen großen Einfluss auf unser Handeln. Einige Menschen sind stur, andere sind flexibel. Einige Menschen sind ungeduldig, andere sind geduldig. Manche Menschen sind verschlossen, andere offen. Die Fähigkeit zum Konfliktmanagement hilft Ihnen zu definieren, wer Sie sind und wie Sie einen Streit wahrnehmen und darauf reagieren. Es geht darum zu lernen, wie andere fühlen und denken und offen zu sein für das Verstehen neuer Standpunkte. Das Konfliktmanagement gibt Ihnen weitere Einblicke in die Fähigkeit, wie Sie Ihre Perspektive mit den Ansichten anderer kombinieren können, damit ein gerechtes Ergebnis erzielt werden kann.

Es stimmt, dass wir Konflikte nicht vermeiden können und dass sie wahrscheinlich früher oder später in unser Leben treten werden. Meistens wird ein Konflikt als eine schlechte Sache angesehen, weil er starke Emotionen auslöst. Konflikte können jedoch auch positiv sein, da sie eine Gelegenheit darstellen, Sie als Individuum wachsen zu lassen. Nehmen Sie Veränderungen an und seien Sie offen für die Perspektiven anderer.

Theorien zum Konfliktmanagement

Im Laufe der Geschichte gab es viele Theorien zum Konfliktmanagement. Vier der wichtigsten Theorien werden im Folgenden erörtert.

Erste Konfliktmanagement-Theorie: Morton Deutsch - Kooperatives Modell

Die erste Theorie ist das Kooperationsmodell von Morton Deutsch. Seine Theorie basiert auf zwischenmenschlichen Beziehungen, die entweder durch Kooperation oder Wettbewerb motiviert sind. Der kooperative Prozess ermöglicht es uns, Streitigkeiten zu lösen, indem wir offen für die Ideen und Ansichten einer anderen Person sind. Dies hat einen positiven Effekt. Wettbewerb bedeutet jedoch, dass zwei Parteien nicht kooperieren können, weil sie ein inneres Motiv haben, zu konkurrieren und zu gewinnen. Die Theorie von Deutsch besagt, dass der Wettbewerb in einem Konflikt fast immer negative Folgen haben wird, da eine Person als "Gewinner" und die andere als "Verlierer" herauskommt. Seine Forschung legt nahe, dass ein konstruktives Konfliktmanagement aus einem kooperativen Charakter resultiert sowie dem Wunsch, Probleme zu lösen. Deutsch kam zu dem Entschluss, dass beide Parteien, wenn sie kooperativ sind, leichter zu einem Verständnis für die Ansichten des anderen gelangen können. Er glaubte, dass dies durch das Erlernen der Normen der Zusammenarbeit erreicht werden könne. Diese Normen sind Ehrlichkeit, Respekt, Anerkennung, Einfühlungsvermögen, Vergebung und ein gegenseitiges Verständnis der Situation und des Konfliktes.

Zweite Konfliktmanagement-Theorie: Roger Fisher und William Ury - Verhandlung nach dem Prinzip

In der "Theorie der Verhandlung nach dem Prinzip" wurden Fisher und Ury in der Harvard-Universität zusammengebracht, um an einem Projekt namens "Das Verhandlungsprojekt" zu arbeiten. Im Jahr 1943 studierte Fisher an der Universität Jura und interessierte sich sehr dafür die Streitigkeiten der Menschen zu lösen. Er war von Urys Forschungsarbeit über Friedensverhandlungen im Nahen Osten so beeindruckt und lud ihn ein, mit ihm zusammenzuarbeiten, nachdem er 1960 Professor in Harvard wurde. Gemeinsam schrieben sie das Buch "Getting to Yes", das schnell zu einem Bestseller wurde. Durch die Zusammenarbeit mit Fisher und seinen Lehren wurde Ury zum Mediator und Verhandlungsberater.

Die in "Getting to Yes" diskutierte "Theorie der Verhandlung nach dem Prinzip" erörtert, wie ein gutes Verhandlungsergebnis erreicht werden kann. Die Theorie besagt, dass Menschen Problemlöser sind und dass eine gute Einigung vernünftig und effizient ist. Das bedeutet, dass die Interessen beider Parteien befriedigt werden. In ihren Ergebnissen legten Fisher und Ury vier wesentliche Grundsätze dafür fest, wie Verhandlungen effektiv gestaltet werden können. Diese sind: Die Person (oder Personen) vom Problem (oder Konflikt) zu trennen, sich auf Tagesordnungen und nicht auf Situationen zu konzentrieren, Ideen für gegenseitiges Verständnis zu schaffen und objektive Richtlinien zu verwenden. Der Schwerpunkt dieser Theorie besteht darin, dass jede Konfliktpartei (Person) durch Verhandlungen über diese Bedingungen eine Einigung und einen Kompromiss erzielen soll.

Dritte Konfliktmanagement-Theorie: John Burton - Modell der menschlichen Bedürfnisse

Burtons Modell der menschlichen Bedürfnisse basiert auf der Überzeugung, dass Konflikte eine soziale Angelegenheit oder ein persönliches Problem sind, das mit menschlichen Bedürfnissen zusammenhängt. Burton sagt, wenn soziale Ungerechtigkeit die Ursache von Konflikten ist, dann ist es irrelevant zu versuchen sie zu lösen, solange die sozialen Normen nicht korrigiert werden. Burton schlägt vor, dass die sozialen Normen an die Bedürfnisse jedes Einzelnen angepasst werden müssen. Er glaubt, dass Aggression und antisoziales Verhalten auf soziale Umstände und die Verleugnung menschlicher Bedürfnisse zurückzuführen sind. Er kommt zu dem Entschluss, dass, um zukünftige Konflikte und destruktives Verhalten zu stoppen, soziale Veränderungen erreicht werden müssen, z. B. müssen Mitarbeiter anerkannt werden und Jugendliche eine Rolle in der Gesellschaft erhalten. Burton behauptet, dass es nicht die Menschen sind, die sich für die Gesellschaft ändern müssen, sondern die Gesellschaft, die sich für die Menschen ändern muss.

Vierte Konfliktmanagement-Theorie: Bush, Folger und Lederach - Konflikttransformation

Die Konflikttransformationstheorie schlägt vor, dass wir, anstatt zu versuchen, Konflikte zu lösen oder zu bewältigen, sie transformieren sollten. Die Transformation erfordert eine Lösung, die den Interessen aller Gruppen gerecht wird. Die Idee von Bush, Folger und Lederach zur Konflikttransformation erfordert eine Änderung der Einstellung und des Verhaltens eines Individuums und der Beziehung zwischen zwei oder mehreren Konfliktparteien. Lederach sagt, dass, wenn wir uns auf die gegenseitigen Bedürfnisse und das gegenseitige Verständnis anstatt auf die Unterschiede zwischen den Parteien konzentrieren, wir dann eher dazu in der Lage sind, den Konflikt in einen Dialog zu verwandeln und Probleme kooperativ zu lösen.

Nachdem wir nun einige wichtige Theorien des Konfliktmanagements verstanden haben, wollen wir uns nachfolgend damit befassen, wie wir unser eigenes Verhalten und unsere eigenen Reaktionen auf Konflikte identifizieren können.

Problemlösendes Verhalten

Wenn wir das Verhalten von Menschen betrachten, beobachten wir, wie sie in verschiedenen Situationen handeln, ihre Werte, ihre Persönlichkeit und ihre Eigenschaften. Was genau sind also problemlösende oder konfliktlösende Verhaltensweisen? Das sind

Verhaltensweisen, die Menschen haben, wenn sie versuchen eine unangenehme Begegnung zu entschärfen oder ein Problem zu lösen. Durchsetzungsvermögen ist eines der häufigsten Verhaltensweisen, die Menschen im Konfliktfall anwenden. Andere übliche Verhaltensweisen, die Menschen zeigen, wenn sie mit einer Konfrontation oder einem Streit umgehen, sind:

- Anpassung.
- Vermeidung.
- Kompromisse.
- Zusammenarbeiten.
- Wettbewerb.

Die **anpassende** Verhaltensweise ist, wenn Menschen alle ihre Bedürfnisse und Wünsche für die der anderen zurückstellen. Das mag zwar wie ein guter Ansatz erscheinen, kann aber in Wirklichkeit verletzend sein, da derjenige, der sich anpasst, das Gefühl haben könnte, dass er nicht in der Lage ist, das zu bekommen, was er sich von der Situation wünscht. Dies kann zu einem Mangel an Vertrauen oder Selbstwertgefühl führen oder darauf zurückzuführen sein. Obwohl dies ein gutes Verhalten sein kann, um eine Situation zu entschärfen oder zu verhindern, dass ein Problem kurzfristig eskaliert, kann es als eine Form der Vermeidung oder zur Verdrängung des Grundproblems verstanden werden. Die einzige Situation, in der diese Methode nützlich sein kann, ist, wenn das Problem für Sie nicht so wichtig ist oder wenn Sie manipuliert oder gedrängt wurden, sich zu einigen und Sie nicht mehr kämpfen wollen. Manchmal kann sie auch eingesetzt werden, um eine Angelegenheit elegant zu beenden.

Das Verhalten des **Vermeidens** bedeutet in den meisten Fällen Angst oder mangelnde Verantwortung. Die Technik des Vermeidens besteht darin, entweder so zu tun, als gäbe es keinen Konflikt, das Problem zu ignorieren oder es so lange zu verschieben, bis das Problem "sich von alleine löst". Diese Art des Konfliktmanagements ist vielleicht die ineffizienteste Art im Umgang mit Konflikten. Es kann aus der Angst vor Konfrontation resultieren oder wenn die Person das Gefühl hat, dass sie zu überlegen sei, um sich mit solchen "unbedeutenden" Themen zu befassen. Dieser Ansatz kann verwendet werden, wenn jemand glaubt, dass er das Argument sowieso nicht "gewinnen" kann oder wenn er auf mehr Informationen wartet, um seinen Fall zu untermauern.

Ein **Kompromiss** kann effizient und effektiv sein, wenn sich beide Parteien gleichwertig durchsetzen. Es ist ein positives Verhalten, das darauf beruht, einen Mittelweg oder etwas zu finden, auf das jede Partei zu verzichten bereit ist, um etwas anderes zu gewinnen. Dies ist am besten durchsetzbar, wenn der Streit zwischen zwei Personen und nicht innerhalb einer großen Gruppe geführt wird. Ein Kompromiss kann wirksam sein, wenn das Ziel darin besteht, eine einvernehmliche Lösung zu erreichen. Ein Kompromiss kann schwierig zu erreichen sein, wenn sich beide Parteien weigern, ihren Standpunkt zu verändern.

Zu den Verhaltensweisen der **Zusammenarbeit** gehört die Erwartung, dass alle gewinnen. Wenn dies nicht möglich ist, sollte das Konfliktmanagement zu Kompromissen und Verhandlungsstrategien führen. Diese Art von Verhalten ist vielleicht die Methode, die sich im Konfliktmanagement am meisten lohnt, da sie allen hilft, zusammenzuarbeiten und auf Augenhöhe zu sein. Jeder gewinnt und alle profitieren davon. Dies führt oft dazu, dass beide Parteien alles bekommen, was sie brauchen, da jede Partei der anderen beim Erreichen ihrer Ziele hilft.

Wettbewerb ist nur dann ein positives Verhalten, wenn er Spaß macht und friedlich ist, wie z. B. kleine Glücksspiele, freundschaftliche Wetten, Spiele, Sport oder Rennen. Andere Mittel des Wettbewerbs, wie z. B. mit Ihrem Partner um ein Interesse zu konkurrieren, das nur eine Person gewinnen kann, ist ein negatives Verhalten. Das Konkurrenzverhalten ist bei einer streitlustigen Person, die immer das letzte Wort haben muss, üblich. Auch wenn Sie ihre Probleme ansprechen, Ihren Standpunkt beweisen und Ihre Bedenken definieren, verlieren Sie in den Augen einer wettbewerbsorientierten Person dennoch, eben aufgrund ihres Wettbewerbs. Die wettbewerbsorientierte Person will jemand anderen "übertrumpfen" oder ihren Standpunkt beweisen, ohne den Standpunkt eines anderen anzuhören.

Jeder hat seine eigene Art, mit einer unangenehmen Situation umzugehen. Einige sind aggressiver als andere, während andere aufgeben, um zu gewinnen. Ein wirksames Konfliktmanagement erfordert manchmal, dass man "seine Kämpfe aussucht". Manchmal sind wir nicht in der Lage, zu gewinnen, oder wir haben keine Zeit zum Streiten. Wir müssen lernen, wann wir sprechen und wann nicht bzw. wann wir zuhören sollten. In allen Fällen müssen wir die Problemlösung und das Konfliktmanagement in positiver Absicht angehen und Prinzipien, wie Offenheit, Einfühlungsvermögen, Gleichheit und eine positive Einstellung, anwenden.

Offenheit

Offen zu sein bedeutet, einen "offenen Geist" zu haben. Dies erfordert, dass wir effektiv zuhören, bevor wir aus einem emotionalen Impuls heraus reagieren, und dass wir uns die Zeit nehmen, den Standpunkt der anderen Person wirklich zu berücksichtigen. Ihr Hauptziel ist es, den Standpunkt des anderen zu erkennen, Ihre wahren Gefühle zu formulieren und dann gemeinsam das Grundproblem und eine wirksame Lösung zu finden. Die Verwendung von Aussagen und Fragen wie "Ich fühle..." und "Was empfindest du, wenn...?" können Ihnen helfen, in Konfliktsituationen offener zu sein.

Einfühlungsvermögen

Einfühlungsvermögen bedeutet, wirklich zu versuchen, die Erfahrung, die Perspektive und die Gefühle der anderen Partei zu verstehen. Es erfordert, dass Sie aufmerksam zuhören, um den Standpunkt der anderen Partei zu verstehen. Sie müssen alle Vorurteile oder früheren Vorstellungen über die Partei, mit der Sie in Konflikt stehen, beiseitelegen. Sie müssen wirklich versuchen, deren Erfahrung oder deren Standpunkt mitfühlend zu betrachten.

Eine einfühlsame Aussage, wie "Ich wusste nicht, dass ich dir dieses Gefühl vermittelt habe" oder "Ich wusste nicht, dass diese Entscheidung für dich so ausgehen würde", kann helfen. Wenn Sie einfühlsam sind, ohne raffiniert zu sein, wenn Sie eine positive Sprache verwenden, ohne herablassende Töne zu benutzen, dann kann dies der Person zeigen, dass Sie ihre Bedürfnisse verstehen und das Problem wirklich lösen wollen.

Gleichberechtigung

Behandeln Sie die Menschen so, als wären sie mit Ihnen gleichgestellt. Viele Menschen sagen, sie wüssten, was Gleichberechtigung bedeutet, doch sie blicken auf die Obdachlosen herab oder lehnen Ihre Chefs oder Menschen ab, die anders sind als sie. Die Wahrheit ist, dass es immer jemanden geben wird, der robuster, stärker, klüger oder wohlhabender ist als Sie, aber Sie werden auch robuster, stärker, klüger oder wohlhabender sein als jemand anderer. Gleichberechtigung bedeutet, dass alle Vorurteile beiseitegelegt werden und Sie sehen, dass andere Menschen denselben Wert haben wie Sie, unabhängig von ihrem wirtschaftlichen oder sozialen Status. Um dies zu praktizieren, sollten Sie die Ideen aller nur auf der Grundlage ihres Wertes berücksichtigen.

Positive Einstellung

Wenn Sie mit einer negativen Einstellung an Angelegenheiten herangehen und Negativität ausstrahlen, werden Sie von Natur aus pessimistisch sein. Wenn Sie sich für eine positive Einstellung und Optimismus entscheiden, bringen Sie die Stimmung aller Beteiligten in Schwung und motivieren sich und andere, Lösungen zu finden, anstatt sich auf Probleme zu konzentrieren. Um eine positive Einstellung zu üben, drücken Sie Ihren Enthusiasmus für die Suche nach einer Lösung aus und helfen Sie anderen, indem Sie Wert auf ihre Meinungen legen.

Wenn wir uns auf diese positive Art und Weise verhalten, können wir sicher sein, dass wir eine Lösung finden, gesündere Beziehungen aufzubauen und schneller Erfolg zu haben als diejenigen, die destruktiv und negativ sind. Wenn Sie dafür bekannt sind, Lösungen auf positive, unkomplizierte und effiziente Art und Weise zu finden, werden Sie von anderen mehr geschätzt, fühlen sich besser in Ihrer Haut und erhalten weitere Möglichkeiten in Ihrer Karriere und in Ihrem Leben.

Zusammenfassung des Kapitels

Wie Sie inzwischen gelernt haben, gibt es unterschiedliche Ansätze des Konfliktmanagements. Um einen erfolgreichen Ausgang zu erreichen, erfordert das Konfliktmanagement eine positive Einstellung und ein positives Verhalten. Wenn Sie normalerweise aggressiv auf einen Konflikt reagieren oder Hintergedanken haben, wird der Konflikt eskalieren und für alle Beteiligten negativ enden. Jeder Mensch ist anders, denkt auf seine Weise, hat seine eigenen Ansichten und handelt nach dem, was er für richtig hält. Wenn wir positive Strategien anwenden, die die Bedürfnisse aller Parteien berücksichtigen, ist es wahrscheinlicher, dass wir eine gerechte Lösung für unseren Konflikt finden.

In diesem Kapitel haben Sie die Grundlagen des Konfliktmanagements kennengelernt. Insbesondere wurde Folgendes behandelt:

- Die Vorteile des Konfliktmanagements.
- Vier bekannte Konflikt-Theorien.
- Typische Verhaltensweisen und Reaktionen zur Problemlösung.
- Wie man an Konflikte herangeht und sie deeskaliert.

Das nächste Kapitel beschreibt die erste von sieben Techniken zur Beherrschung von Konfliktmanagement. Sie werden lernen, wie man die richtige Botschaft durch effektive verbale Kommunikation vermittelt. Sie werden verstehen, wie wirkungsvoll ein Dialog ist und warum man mit manchen Menschen schwieriger sprechen kann, als mit anderen.

KAPITEL 3:

Konfliktmanagement-Technik 01 - Die Beherrschung der Konversation durch verbale Kommunikation

Es gibt vier Hauptformen der Kommunikation: verbale, nonverbale, schriftliche und visuelle Kommunikation. Die verbale Kommunikation wird oft als die wesentlichste Form der Kommunikation bezeichnet. Wenn wir über verbale Kommunikation nachdenken, was fällt uns da ein? Es ist ein Gespräch über Interessen oder Themen, die wir uns gegenseitig mitteilen. Es gibt endlos viele potenzielle Diskussionsthemen. Aber reden wir miteinander oder reden wir aufeinander ein? In der heutigen Zeit kommunizieren Menschen über Texte, E-Mails, soziale Medien oder andere schriftliche Kommunikationsformen. Selbst wenn wir mit jemandem von Angesicht zu Angesicht sprechen, geschieht dies häufig am Telefon oder auf digitalen Geräten. Das hindert uns daran, effektiv zuzuhören, und wir versäumen den Dialog völlig. Viele Menschen glauben, dass ein Dialog dann stattfindet, wenn zwei oder mehrere Personen eine Diskussion führen, wobei jeder abwechselnd spricht. Beim Dialog geht es jedoch nicht nur darum, miteinander zu reden. Es geht darum, zu verstehen, was kommuniziert wird und zu bestimmen, was die Botschaft von den verwendeten Worten ist. Verbale Kommunikation hat viel mehr Komponenten als nur das Sprechen. Es geht darum, zu lernen zuzuhören, Einsicht zu gewinnen, zu denken, bevor man reagiert und letztlich darum, Konflikte so effizient wie möglich zu verhindern. Wenn Sie verbale Kommunikation mit nonverbaler kombinieren (was Sie im nächsten Kapitel lernen werden), können Sie zu einem Meister der Kommunikation werden.

Verbale Kommunikation ist die Fähigkeit, dem, der redet zuzuhören, es so zu interpretieren, wie es der Redner meint, und seine Botschaft zu verstehen, um angemessen auf seine Aussage zu reagieren. Viele Menschen hören, was gesagt wird, aber folgen nicht dem, was sie hören. Schlechtes Zuhören führt zu Fehlinterpretationen der Fakten, was zu Konflikten führen kann. Das Problem ist, dass die meisten Menschen nicht wirklich zuhören, um zu verstehen. Sie hören zu, um zu antworten, und sie konzentrieren sich zu sehr auf die Dinge, die sie sagen wollen, statt auf das, was die andere Person gerade gesagt hat. Die Lösung für dieses Problem besteht darin, effektives Zuhören zu erlernen und sich dann darauf zu konzentrieren, Ihre Botschaft in den richtigen Begriffen zu äußern.

Die Grundfähigkeiten, die Sie für eine effektive verbale Kommunikation benötigen, sind:

Effektives Sprechen

- Wählen Sie die richtigen Worte, um Ihre Botschaft zu vermitteln. Wer ist Ihr Publikum?
- Verwenden Sie den richtigen Ton und seien Sie nicht herablassend, abweisend oder aggressiv.
- Reagieren Sie gezielt auf das, was die andere Person gesagt hat.
- Achten Sie darauf, dass es keine missverständlichen Signale aus widersprüchlichen Aussagen gibt.

Kontext

- Machen Sie sich bewusst, mit wem Sie sprechen und was für diese Person wichtig ist.
- Verstehen Sie das Thema, über das Sie sprechen. Sammeln Sie bei Bedarf weitere Informationen.
- Stellen Sie sicher, dass der Ort und die Zeit für das Gespräch angemessen sind.

Aktives Zuhören

- Seien Sie aufgeschlossen.
- Bleiben Sie unvoreingenommen.
- Vermeiden Sie es, an eine Antwort zu denken, bis Sie die Aussage des anderen vollständig gehört haben.
- Seien Sie geduldig und nehmen Sie sich die Zeit zum Zuhören. Stellen Sie Fragen, wenn Ihnen etwas unklar ist.
- Bleiben Sie auf den Sprecher konzentriert. Schauen Sie nicht Fernsehen, während der Sprecher redet, kontrollieren Sie nicht Ihr Telefon und wechseln Sie nicht das Thema.
- Hören Sie sich den ganzen Satz an, nicht nur einzelne Wörter, die Sie während des Gespräches gehört haben. Sie könnten die Gesamtaussage missverstehen.

Um zu lernen, sich effektiv zu unterhalten, braucht man Übung und Geduld. Sie können sowohl sprechen als auch zuhören, indem Sie Fragen stellen, wenn Sie etwas nicht verstehen. Wenn Sie Fragen stellen, signalisieren Sie dem Redner auch, dass Sie mehr wissen wollen, dass Sie die Botschaft, die er zu vermitteln versucht, mit Begeisterung verstehen wollen und dass Sie sein Recht auf Zuhören respektieren. Es zeigt auch, dass Sie bereit sind, sich zu engagieren, ohne das Gespräch auf sich selbst zu lenken, was zudem eine Beziehung und Vertrauen aufbaut. Der letzte Schritt zur Meisterung einer effektiven verbalen Kommunikation ist das respektvolle Beenden des Gespräches. Sobald das Gespräch dem Ende zu nahen scheint, indem z. B. eine längere Pause eintritt, können Sie das Gespräch mit den entsprechenden Schlussworten beenden. Dazu könnten Sie respektvoll sein und das Gesagte zusammenfassen oder Folgendes sagen: "Das war wirklich interessant. Ich bin froh, dass wir die Gelegenheit hatten, zu sprechen."

Effektives Sprechen

Ein Teil der verbalen Kommunikation ist es, zu lernen, wie man effektiv sprechen kann. Effizientes Sprechen ist ebenso wichtig wie Geduld und Zuhören. Eines der Probleme in der heutigen Gesellschaft ist es, dass sich niemand Zeit nehmen will, sich gegenseitig beim Sprechen zuzuhören. Wir sind alle zu sehr damit beschäftigt, unseren eigenen Gedanken zuzuhören und zu versuchen, sie schnell zu äußern. Wir nehmen uns oft nicht die Zeit, sorgfältig darüber nachzudenken, was wir sagen wollen. Mit sozialen Medien, Netzwerken und Werbeaktionen unterhalten wir uns zwar miteinander, aber wir reden nicht und wir konzentrieren uns nicht auf das Gespräch, sondern auf uns selbst. Wenn Sie zum Beispiel zu einer sozialen Veranstaltung gehen, haben Sie vielleicht die Absicht, für sich und Ihre Ideen zu werben. Wie viele Menschen gehen zu einer Versammlung, nur um etwas über andere Menschen zu erfahren und sich ihre Perspektive anzuhören? Effektives Sprechen beginnt mit effektivem Zuhören.

Ein Teil des effektiven Sprechens erfordert es, "zu sagen, was man meint, und zu meinen, was man sagt". Mit anderen Worten: Sie müssen aufrichtig und wahrhaftig sein und die Dinge, die Sie versprochen haben, auch umsetzen. Effektives Sprechen erfordert, dass Sie Ihre Botschaft entsprechend so vermitteln, wie Sie auch wollen, dass man sie umsetzt. Wenn Sie eine positive Reaktion wollen, sollten Sie auch ermutigende Töne und Worte verwenden. Wenn Sie sich Hilfe von anderen wünschen, verwenden Sie einen fragenden Ton oder ein Fragewort, je nachdem, welche Art von Feedback Sie wollen. Effektives Sprechen erfordert die richtige Wortwahl und den richtigen Tonfall. Wichtig sind auch Ihre Atmung, die Tonhöhe Ihrer Stimme und die Klarheit Ihrer Botschaft. Auch das Tempo, in welchem Sie die Botschaft vermitteln und die Vielfalt der Wortwahl spielen eine wichtige Rolle, um souverän zu sprechen.

Wortwahl

Die Worte, die Sie verwenden, sind der wichtigste Aspekt des effektiven Sprechens, und sie müssen sorgfältig gewählt werden, um sicherzustellen, dass sie die gewünschte Wirkung haben. Sie müssen den Kontext der Situation berücksichtigen und wissen, mit wem Sie sprechen. Mit einem Kind oder einem Ausländer würden Sie nicht dieselben schwer zu verstehenden, komplizierten Wörter verwenden wie mit einer höherstehenden akademischen Person oder einem Muttersprachler. Nehmen Sie Rücksicht auf Ihre Zuhörer und verwenden Sie Wörter, von denen Sie wissen, dass sie verstanden werden. Wenn Sie sich nicht sicher sind, verwenden Sie kürzere Sätze und eine einfache Sprache, um sicherzustellen, dass jeder versteht, was Sie sagen wollen. Wenn Sie Beispiele verwenden, beschreiben Sie Situationen, auf die sie sich beziehen können. Die Wortwahl sollte immer positiv und kraftvoll sein und nicht negativ oder herablassend.

Tonfall

Es gibt so viel, was man über die Stimmung, den Beweggrund und die Einstellung einer Person sagen kann, wenn man nur auf den Tonfall ihrer Stimme hört. Eine zurückhaltende Person zum Beispiel spricht ruhig und zögerlich. Die Tonhöhe und der Tonfall des Sprechers lassen vermuten, dass sie schüchtern ist, kein Selbstvertrauen und keine Führungsqualitäten hat. Bei einer schüchternen Person würden Sie mit einer einfühlsamen und beruhigenden Art auf sie zugehen und sie mit einer ruhigen und leisen Stimme ermutigen, Ihnen zuzuhören.

Jemand, der selbstbewusster ist, wird dagegen einen festen und souveränen Tonfall haben. Das setzt voraus, dass sie wissen, worüber sie sprechen und dass sie eine Führungsrolle übernehmen könnten. Überlegen Sie, wie Sie mit anderen sprechen. Wirken Sie schüchtern, selbstbewusst oder sind Sie irgendwo dazwischen? Der Tonfall Ihrer Stimme ist wichtig, da er den Eindruck, den Sie bei anderen hinterlassen und deren Bereitschaft, Ihren Standpunkt anzuhören, beeinflusst.

Die Wirkung des Atmens

Emotionen kommen in unserer Stimme zum Ausdruck. Wenn wir nervös oder ängstlich sind, wird unser Atem kurz und wir könnten hyperventilieren oder unsere Stimme ist vielleicht gehackt und zögerlich. Wenn wir uns wohlfühlen, bleibt unser Atem ruhig und gleichmäßig, was dazu beiträgt, dass auch unsere Stimme gleichmäßig ist. Unser Atem beeinflusst auch unsere Körpersprache. Wenn unsere Atmung beispielsweise sporadisch ist, unsere Körperhaltung steif ist und sich unsere Muskeln angespannt fühlen, senden diese Hinweise der Körpersprache Signale an unser Gehirn, die uns ängstlich machen und den ruhigen Fluss unserer Stimme stören. Stellen Sie sich vor, dass Sängerinnen und Sänger nicht über ihre Scheu und Zurückhaltung hinwegkommen, wenn sie vor großen Menschenmengen auf der Bühne stehen. Sie würden nicht so selbstbewusst und kompetent klingen wie im Studio, wo nur wenige Personen anwesend sind. Sänger und Redner vor Publikum üben ihre Atmung und nehmen sich selbst auf, sodass sie ihre Stimmfehler erkennen und korrigieren können. Achten Sie darauf, dass Sie tief und regelmäßig atmen, um beim Sprechen Selbstvertrauen zu vermitteln. Tiefes und gleichmäßiges Atmen hat eine beruhigende Wirkung, die Ihnen hilft, entspannter und konzentrierter zu sein und Ihre Rede zu mäßigen. Die Atmung beeinflusst den Ton, die Tonhöhe und die Lautstärke. Das Thema Atmung wird später im Buch wieder auftauchen, also erinnern Sie sich an das, was Sie hier gelernt haben, denn es wird später noch eingehender thematisiert. Das unterstreicht, wie wichtig die Atmung für effektives Sprechen ist.

Lautstärke

Die Wahl der Lautstärke Ihrer Stimme bestimmt, wie effektiv man Ihnen zuhört. Die Atmung spielt eine wichtige Rolle dafür, wie laut oder leise Sie sprechen. Wenn wir tief einatmen, sind wir in der Lage, unsere Stimme laut zu projizieren, was manchmal notwendig ist. Wenn wir zum Beispiel versuchen, in einer Gruppe oder in einem großen Raum gehört zu werden, ist leises Sprechen unwirksam. Sie möchten, dass man Ihre Stimme auch im hinteren Teil des Raumes hört. Wenn Sie jedoch mit jemandem sprechen, der direkt vor Ihnen steht, wollen Sie ihn nicht anschreien. Stattdessen werden Sie die Lautstärke reduzieren, sodass nur diese Person Sie hören kann oder eine Lautstärke wählen, die nicht übermäßig ist. Es ist einfacher, mit ruhiger, leiser Stimme zu sprechen, wenn Sie ruhig und gleichmäßig atmen.

Transparenz und Klarheit

Transparenz und Klarheit bestimmen oft die Ebene, auf der Sie verstanden werden und auf der man Ihnen vertraut. Es geht im Wesentlichen darum, keine gemischten Botschaften zu senden. Wir können das eine meinen, aber etwas anderes implizieren, oder wir können etwas so kompliziert erklären, dass der Punkt missverstanden wird. Tun Sie so, als würde es Ihnen gut gehen, obwohl Sie eigentlich aufgebracht sind? Reden Sie "um den heißen Brei" herum? Dies führt zu gemischten Botschaften. Das macht es schwierig, Konflikte zu lösen, weil sich niemand auf die eigentlichen Themen konzentriert.

Stille und Pausen

Um die Botschaft, die Sie in einer angemessenen Weise vermitteln wollen, zu senden, müssen Sie eine starke Rede mit angemessenen Pausen verbinden. Wenn Sie ständig sprechen, hat die andere Partei keine Möglichkeit zuzuhören, die Informationen zu verarbeiten und dann zu reagieren. Wenn Sie mit einer Idee oder einem Satz fertig sind, machen Sie eine kurze Pause, bevor Sie zum nächsten Punkt übergehen. Das gibt der anderen Person Zeit, über das, was Sie gesagt haben, nachzudenken. Sehen Sie die andere Person an, um zu erkennen, ob sie antworten möchte. Geben Sie ihr die Möglichkeit zu sprechen, wenn sie es wünscht.

Komplizierte Gespräche

Die meisten Konflikte entstehen aufgrund oder während komplizierter Gespräche. Ein kompliziertes Gespräch ist eine Diskussion über ein Thema, das für eine Person unangenehm ist. Die meisten Menschen führen nicht gerne komplizierte Gespräche, weil sie die Folgen und die Unvorhersehbarkeit des Ergebnisses fürchten. In der Regel entstehen komplizierte Gespräche dadurch, dass man sich fragt, was passiert ist, oder dadurch, dass starke Emotionen entstehen und es Meinungsverschiedenheiten über Überzeugungen oder Verhaltensweisen oder Fragen zur persönlichen Identität gibt. Effektive Sprech- und Hörstrategien können eine eskalierte Auseinandersetzung in eine Lerngelegenheit verwandeln. Eine Sache, die man immer im Hinterkopf behalten sollte, wenn man in eine harte Diskussion kommt, ist, dass man in einem hitzigen Moment niemanden, außer sich selbst, kontrollieren kann. Das bedeutet letztlich, dass Sie sich einen Moment Zeit nehmen sollten, um sich zusammenzureißen. Lassen Sie uns drei schwierige Situationen und deren Bewältigung zum Wohle aller Beteiligten betrachten.

"Was ist passiert?"

In der Regel glaubt eine Person, die sich im "Was ist passiert"-Konflikt befindet, alles über ein Ereignis, die Beweggründe der gegnerischen Partei und deren Gefühle zu wissen. Eine Situation kann aufgrund eines Missverständnisses oder hastig ausgesprochener Wörter schnell eskalieren. Wenn Sie zum Beispiel aus Wut auf Ihren Freund unbeabsichtigt etwas gesagt haben, könnte er annehmen, dass Sie es gesagt haben, um ihn zu verletzen und daraus schließen, dass Sie eine gehässige Person sind. Ein weiterer "Was ist passiert"-Moment kann auftreten, wenn eine Person denkt, dass die andere Person an allem schuld ist oder sie denkt, dass sie selbst an allem schuld ist. Das kann zu Schuld, Ablehnung und Verärgerung führen. Der Denkansatz "alles meine/deine Schuld" ist verletzend, weil sie jemandem ein schlechtes Gefühl gibt und den Glauben verstärkt, dass nur eine Person schuld ist.

Ein besserer Weg, den Konflikt zu betrachten, besteht darin, zuzugeben, dass alle Parteien an den Ereignissen, die zu der Meinungsverschiedenheit geführt haben, beteiligt waren. Finden Sie heraus, wer für welche Phasen des Ereignisses verantwortlich ist, ohne die Schuldigen zu benennen. In der Hitze des Gefechts könnten Sie annehmen, dass Sie alle Seiten der Geschichte kennen. Dieser Ansatz ist engstirnig und bringt Sie nicht weiter. Stattdessen müssen Sie sich gegenseitig anhören, indem Sie Ihre Fähigkeiten des aktiven Zuhörens einsetzen und versuchen, es aus der Perspektive des anderen zu betrachten. Es ist mehr als wahrscheinlich, dass die andere Partei die Situation anders wahrgenommen hat als Sie. Wenn Sie ein kompliziertes Gespräch beginnen, sollten Sie daran denken, dass Sie ein Recht auf Ihre eigenen Gefühle und Gedanken haben, aber Sie können nie vorhersagen oder annehmen, dass Sie wissen, was im Kopf des anderen vor sich geht.

Übermäßige Emotionen

Übermäßige Emotionen können Wut, Aufregung, Traurigkeit oder Verwirrung sein. Wenn die Emotionen verstärkt sind, kann es eine Herausforderung sein, sie zu überwinden und sich darauf zu konzentrieren, jemand anderem zuzuhören. Irrationale Emotionen sind etwas, das wir zuerst behandeln müssen, bevor wir uns auf eine komplizierte Diskussion einlassen können. Andernfalls werden sie uns davon abhalten, die Realität zu sehen und den Standpunkt des anderen zu verstehen. Die Herausforderung bei Gesprächen mit übermäßigen Emotionen besteht darin, dass sie schwer zu deeskalieren sind und wir letztlich der anderen Partei die Schuld dafür geben, dass wir uns so fühlen, wie wir uns fühlen. In diesen Momenten sind wir schwach, und weil wir glauben, dass die andere Partei der Grund für unser Problem ist, haben wir das Gefühl, dass es in ihrer Verantwortung liegt, das Problem zu lösen und dafür zu sorgen, dass wir uns besser fühlen. Der Fehler bei dieser Denkweise besteht darin, dass wir tatsächlich jederzeit die totale Kontrolle darüber haben, wie wir uns fühlen. Anstatt nach Mitgefühl zu suchen oder nach jemandem, der uns beruhigt, liegt die Macht zur Selbstregulierung in unseren eigenen Händen.

Wenn intensive Gefühle ein kompliziertes Gespräch eskalieren lassen, benutzen wir verletzende Worte oder vermeiden es, ruhig mit der Person zu sprechen, die uns verärgert hat. Analysieren Sie Ihre eigenen Gefühle, identifizieren Sie den Auslöser für die übermäßige Emotion und diskutieren Sie ohne Beurteilung oder Schuldzuweisung, was Sie verärgert hat. Das wird dazu beitragen, den Konflikt zu entschärfen.

Persönliche Identität

Diese Art von Gespräch existiert in uns selbst. Es geht darum, was wir uns selbst sagen und wie sehr wir auf unsere innere Kritik hören. Es geht darum, wer wir sind und wie wir uns anderen gegenüber präsentieren. Die persönliche Identität beeinflusst, wie wir andere und uns selbst sehen und wie wir davon ausgehen, wie andere uns sehen. Wenn wir uns vor der Außenwelt verteidigen wollen, errichten wir Abwehrmauern um uns herum oder ziehen uns zurück. Wenn wir unberechenbar sind, haben wir ein Alles-oder-nichts-Selbstbild, um uns zu schützen. Wenn uns jemand dazu bringt, unsere Identität oder unsere Meinungen oder Handlungen infrage zu stellen, kann dies zu Konflikten in uns selbst und mit anderen führen. Es ist wichtig zu verstehen, dass, eine Meinungsverschiedenheit mit jemandem zu haben, nicht gleich bedeutet, dass Ihre persönliche Identität infrage gestellt wird. Wir alle wollen gehört, gesehen und geschätzt werden.

Komplizierte Gespräche managen

Komplizierte Gespräche zu führen ist unangenehm, und manchmal vermeiden wir diese Art von Diskussionen, um nicht die Konsequenzen tragen zu müssen. Je mehr wir jedoch Dinge vermeiden, desto mehr werden wir Konflikte in unserem Leben haben, weil wir nicht lernen, wie wir Probleme effektiv lösen können. Während eines Konfliktes neigen wir dazu, Dinge zu sagen und zu tun, bevor wir Zeit hatten, darüber nachzudenken. Dies führt dazu, dass Konflikte eskalieren. Wenn wir die Dinge weiterhin auf diese Weise tun, enden wir mit einer Geschichte von zerbrochenen Freundschaften, Partnerschaften und dem Verlust von Arbeitsplätzen. Anstatt unserem Verstand zu lehren, dass es besser ist, sich zu verteidigen, damit wir nicht verletzt werden, sollten wir uns schulen, wie man ein Problem zum Nutzen aller Parteien lösen kann.

Der erste Schritt zur Bewältigung eines komplizierten Gespräches besteht darin, sich geistig vorzubereiten. Zwingen Sie sich, ruhig und nicht feindselig zu sein. Seien Sie bereit, in sich selbst hineinzuschauen, um zu erkennen, wie Sie zum Konflikt beigetragen haben. Fragen Sie sich, warum Sie die Debatte führen und was Sie sich davon versprechen. Beginnen Sie die Diskussion zu einem guten Zeitpunkt und an einem geeigneten Ort. Beginnen Sie damit, das Gespräch einzuleiten und zu erklären, was Sie beabsichtigen. Stellen Sie sicher, dass Sie ruhig und konzentriert sind. Beobachten Sie die andere Person und achten Sie auf klare Anzeichen, die zeigen, dass sie für diese Diskussion bereit ist. Sobald beide bereit sind, sich auf das Gespräch einzulassen und das Problem zu lösen, können Sie mit der großen Diskussion fortfahren. Vergewissern Sie sich, dass Ihre Gedanken klar sind und schreiben Sie sie gegebenenfalls auf. Einer der ersten Fehler, den Menschen machen, wenn sie ein schwieriges Gespräch beginnen, ist, dass sie den Konflikt nur aus ihrer Perspektive beschreiben. Das Sprechen aus der Sicht einer dritten Person hilft, die Dinge reibungsloser zu gestalten, weil es das Gespräch neutraler gestaltet. Fragen Sie die andere Partei nach ihrer Sichtweise und schenken Sie dem Redner dann volle Aufmerksamkeit, wenn er antwortet. In jedem Konflikt besteht das Ziel darin, die Dinge in einer reifen und ruhigen Art und Weise zu besprechen und sich auf die Lösung des Problems zu konzentrieren. Sobald alle Gedanken geäußert wurden, können Sie damit beginnen, herauszufinden wie Sie das Problem lösen können. Rechnen Sie damit, dass es zu Meinungsverschiedenheiten kommen kann und machen Sie sich klar, dass es auch danach möglicherweise noch Spannungen gibt. Wenn am Ende der Diskussion keine Lösung erreicht wird, sollten Sie vielleicht in Erwägung ziehen, die Dinge für eine Weile ruhen zu lassen. Etwas Zeit und Abstand können beiden Parteien die Möglichkeit geben ihren Standpunkt zu bewerten.

Hier sind einige positive Möglichkeiten, wie Sie sich dem Konflikt annähern und herausfordernde Gespräche führen können:

Bleiben Sie bei einer faktenbasierten Diskussion

Wenn man sich an die Tatsachen hält, ist es einfacher, sich auf das Ziel des Gespräches zu konzentrieren, das darin besteht, ein Problem oder einen Konflikt zu lösen. Während des Gespräches sollte Ihre Absicht darauf ausgerichtet sein, sich sowohl den Standpunkt des anderen anzuhören als auch Ihren Standpunkt zu vermitteln. Jede Person sollte die Gelegenheit erhalten, die Fakten so zu formulieren, wie sie sie versteht. Entscheiden Sie, worüber Sie sich einig sind und stimmen Sie zu, sachlich die Punkte herauszufinden, bei denen Sie sich nicht einig sind. Das Gespräch sollte strikt auf Fakten basieren, bis es gelöst ist. Nachdem das Problem gelöst ist, können Sie entscheiden, ob Sie andere Themen diskutieren wollen oder nicht.

Seien Sie durchsetzungsfähig, aber einfühlsam

Manchmal müssen wir erkennen, dass das, was wir sagen, beleidigend oder verletzend wirken kann, wenn es missverstanden wird. Wenn Sie an der Reihe sind zu sprechen und Sie wissen, dass etwas als beleidigend oder verletzend interpretiert werden kann, dann eröffnen Sie Ihre Rede damit, den potenziellen Konflikt vorab anzusprechen und damit zu entschärfen. Zum Beispiel: "Was ich jetzt sage, könnte Sie beleidigen oder verärgern, und das will ich nicht, deshalb entschuldige ich mich im Voraus. Ich fühle mich xxx." Seien Sie immer objektiv, indem Sie zeigen, wie Sie sich fühlen. Vermeiden Sie gleichzeitig Aussagen, die als Schuldzuweisung interpretiert werden können. Das Ziel ist es, Ihre Meinung zu bekräftigen und dabei auch zu berücksichtigen, wie andere sich fühlen. Denken Sie daran, dass das, was Sie sagen, zu einem größeren Konflikt führen könnte.

Bleiben Sie selbstbewusst und transparent

Wir scheinen selbstbewusster zu sein, wenn wir unsere Stimme in der richtigen Lautstärke und im richtigen Ton effektiv einsetzen. Wenn wir uns über unseren Standpunkt im Klaren sind und den Standpunkt der anderen vorhersehen, ist es leichter, unseren Standpunkt selbstbewusst zu vermitteln. Mit Offenheit und Transparenz in die Diskussion zu gehen, hat den Vorteil, dass es uns dazu bringt, die Argumente zu verstehen und ehrlich zu sein. Teilen Sie Ihre Informationen frei mit und fragen Sie nach der Meinung des anderen.

Nehmen Sie nichts persönlich

Wenn wir in einen Konflikt verwickelt sind, nehmen wir uns oft alles zu Herzen, was gesagt wird, was wiederum unsere Gefühle verletzt und uns zu irrationalen Reaktionen veranlassen kann. Hören Sie objektiv zu und versuchen Sie, das, was die andere Person sagt, nicht zu persönlich zu nehmen. Versuchen Sie, sich auf das Thema zu konzentrieren und nicht darauf, wie Sie sich im Konflikt fühlen. Wenn Sie einen Konflikt durch ein kompliziertes Gespräch lösen, seien Sie ehrlich, hören Sie gut zu und lassen Sie die Sensibilität aus dem Spiel. Wenn die andere Person bereit ist, mit Ihnen zu reden, wird sie höchstwahrscheinlich nicht die Absicht haben, Sie weiter zu verletzen, sondern offen und ehrlich mit Ihnen sein.

Seien Sie neugierig und bleiben Sie interessiert

Schalten Sie alle Ablenkungen aus, damit Sie bei der anderen Person völlig präsent sein können. Zeigen Sie Neugierde und Interesse und lassen Sie die Gegenseite wissen, dass Sie wirklich ihre Perspektive verstehen wollen. Das bestätigt Ihr Vorhaben, dass Sie das Problem lösen wollen und dies nicht aufgrund Ihrer eigenen egoistischen Bedürfnisse tun. Legen Sie alle Erwartungen beiseite, vermeiden Sie Vorurteile und stellen Sie sicher, dass Sie bereit sind, auf die Gefühle und Meinungen des anderen zu hören.

Enden Sie mit einer Lösung oder einem Sinn

Wenn Sie sich auf das Gespräch eingelassen und die Perspektiven des anderen angehört haben, fassen Sie zusammen, wo das Thema derzeit steht. Fassen Sie die Hauptstandpunkte und alle Bereiche zusammen, in denen Meinungsverschiedenheiten und Gemeinsamkeiten bestehen. Wenn es eine Lösung für den Konflikt gegeben hat, bestätigen Sie, zu welcher Lösung sie kamen. Wenn es keine Lösung gegeben hat, zwingen Sie sich, erneut zu diskutieren, nachdem Sie die Gelegenheit hatten, das Gesagte zu überdenken.

Zusammenfassung des Kapitels

Verbale Kommunikation ist die Grundlage für die Lösung von Konflikten. Verbale Kommunikation erfordert Geschicklichkeit und Übung. In diesem Kapitel haben Sie gelernt:

- Was verbale Kommunikation ist.
- Wie Sie einen Dialog am besten einsetzen.
- Was effektives Sprechen ist.
- Welche verschiedenen Fähigkeiten Sie benötigen, um die richtige Botschaft zu vermitteln.
- Was aktives Zuhören ist.
- Was ein kompliziertes Gespräch ist.
- Wie man mit herausfordernden Gesprächen umgeht.

Im nächsten Kapitel erfahren Sie etwas über nonverbale Kommunikation und warum sie für ein erfolgreiches Konfliktmanagement unerlässlich ist. Sie werden etwas über Körpersprache lernen, wie man die Körpersprache eines anderen liest und wie man Situationen mit Hilfe der nonverbalen Kommunikation lösen kann.

KAPITEL 4:

Konfliktmanagement-Technik 02 - Die Beherrschung der Konversation durch nonverbale Kommunikation

Die nonverbale Kommunikation ist eine Möglichkeit, sich ohne Worte auszudrücken. In Wahrheit verwenden wir jedes Mal, wenn wir sprechen, und jedes Mal, wenn wir einen Raum betreten, nonverbale Kommunikation. Wir benutzen die nonverbale Kommunikation als eine Möglichkeit, mit anderen zu kommunizieren. Es gibt viele Komponenten der nonverbalen Kommunikation. Es ist die Art und Weise, wie man sich bewegt, zuhört, schaut, steht, sich präsentiert und reagiert. Wenn Sie sich Ihrer Körpersprache bewusst werden, können Sie lernen, die richtige Botschaft zu vermitteln. Ihre Körpersprache kann den Ausgang Ihrer Gespräche und Streitigkeiten beeinflussen. Wussten Sie zum Beispiel, dass die Entfernung, die Sie zwischen sich und anderen Menschen halten, eine nonverbale Kommunikationstaktik ist? Oder dass Ihre Emotionen bei Ihren Bewegungen und Ihrem Gesichtsausdruck eine Rolle spielen? Wussten Sie, dass Sie sich Ihrer selbst und anderer bewusst werden müssen, um nonverbale Kommunikation zu steigern?

Ein Konflikt kann entstehen, wenn Sie eine negative Körpersprache benutzen oder wenn verbale und nonverbale Kommunikation entgegengesetzte Signale verwenden. Wenn Ihre Stimme zum Beispiel ruhig und leise ist, aber Ihre Arme verschränkt sind und Sie keinen Augenkontakt herstellen, kann dies herablassend oder unhöflich wirken. Wenn Sie jedoch eine offene, nicht bedrohliche Körpersprache verwenden und jemandem ins Gesicht blicken und Augenkontakt halten, zeigt dies, dass Sie ihn als gleichwertig behandeln und bereit sind, zu hören, was gesagt wird. Im Folgenden werden einige Beispiele für nonverbale Kommunikation behandelt.

Gesichtsausdrücke

Die meisten von uns wissen, dass wir unseren Gesichtsausdruck dazu nutzen, uns selbst auszudrücken. Ein Augenzwinkern ist ein Zeichen für einen Flirt oder ein gemeinsames Geheimnis, ein Lächeln ist ein Zeichen von Freundlichkeit oder Zustimmung, eine hochgezogene Augenbraue ist ein Zeichen von Sarkasmus oder Unverständnis, eine gerunzelte Stirn steht für eine Person, die tief in Gedanken versunken oder über etwas besorgt ist usw. Im Allgemeinen kann man durch den Blick in das Gesicht einer Person erkennen, wie sie sich fühlt oder in welcher Stimmung sie ist. Wussten Sie, dass der Gesichtsausdruck eine universelle Sprache ist? Wenn Sie traurig sind, könnten Sie Tränen vergießen oder die Stirn runzeln. Ein Lächeln ist ein Gesichtsausdruck, der für Glück steht. Wut wird mit hochgezogenen Augenbrauen, intensiven Blicken, zusammengebissenen Zähnen und gespitzten Lippen dargestellt. Diese Gesichtsausdrücke sind in allen Ländern der Erde gleich.

Bewegung und Körperhaltung

Das Nachahmen der Körperhaltung oder der Gestik einer Person ist normalerweise ein Zeichen dafür, dass sich eine Verbindung herstellt. Es ist eine Möglichkeit, der anderen Person ein besseres Gefühl zu geben. Was unsere Bewegungen und Körperhaltungen über unsere Stimmungen und die Art und Weise, wie wir uns durchs Leben bewegen, aussagen, ist enorm. Wenn Sie zum Beispiel in einer geraden Körperhaltung gehen und Ihr Kopf und Ihre Augen geradeaus schauen, bedeutet das, dass Sie eine selbstbewusste Person auf einer Mission sind. Wenn Sie mit einer krummen Haltung gehen, die Augen auf den Boden gerichtet sind und Ihr Tempo langsam ist, wirken Sie vielleicht nicht selbstbewusst oder Sie wirken verärgert. Abgesehen davon hat jeder seinen eigenen Bewegungsstil, daher ist es ungerecht zu sagen, dass die Körpersprache immer mit einem bestimmten Gemütszustand übereinstimmt. Manche Menschen bewegen sich sehr viel, was für Sie ein Zeichen von Angst sein kann. Doch nur weil dies auf Angst oder geringes Vertrauen hindeutet, bedeutet das nicht unbedingt, dass es diesem Menschen an Selbstwertgefühl mangelt oder er ängstlich ist.

Gestik

Die Mimik ist universell, aber die Gestik, wie z. B. ein Handzeichen, ist es nicht. Was "Daumen hoch" in einem Teil der Welt signalisiert, bedeutet in einem anderen Teil der Welt vielleicht nicht dasselbe. Zu den Gesten gehören Winken, Zeigen, Händeschütteln, Sprechen mit den Händen (mit den Händen in der Luft wedeln oder die Finger als eine Art Zeichensprache benutzen, um sich zu verständigen). Menschen mit ähnlichem kulturellen Hintergrund oder aus ähnlichen Regionen haben in der Regel gemeinsame Gesten und können sich größtenteils verständigen.

Augenkontakt

Ein herausragendes Merkmal der freundlichen Kommunikation ist es, direkt in die Augen eines anderen zu blicken. Wenn Sie ein ernsthaftes Gespräch führen, nehmen Sie Augenkontakt mit Ihrem Chef auf. Normalerweise schauen Sie Ihrem Freund in die Augen, wenn Sie versuchen, einen Streit oder eine Debatte zu lösen. Es gibt verschiedene Arten, Menschen anzusehen, die Sie freundlich, ernst, wütend oder traurig erscheinen lassen können. Die Art und Weise, wie Sie jemanden ansehen, kann verschiedene Arten von Botschaften vermitteln. So würden Sie zum Beispiel Ihren Chef nicht so ansehen wie Ihren Mann oder Ihre Frau. Augenkontakt kann je nach Verwendung Interesse, Feindseligkeit oder Zuneigung ausdrücken.

Berührungen

Eine leichte Berührung auf die Wange steht für Interesse oder Zuneigung. Ein Stupser nach einem Witz deutet auf eine gemeinsame Erfahrung und eine enge Verbindung hin. Ein fester Griff am Arm, am Bein oder anderen Körperteilen deutet auf Feindseligkeit, Kontrolle oder Angst hin. Wie Sie sehen können, kann Kommunikation durch Berührung viele Botschaften vermitteln. Wie würden Sie einen schwachen oder übermäßig starken Händedruck interpretieren? Wie fühlen Sie sich bei einer engen und festen Umarmung? Bei einer Berührung geht es nicht nur um den körperlichen Kontakt, den Sie von jemandem bekommen, sondern auch um die Emotion, die erzeugt wird. Wenn Sie zum Beispiel eine Umarmung von einem Familienmitglied erhalten, werden Sie sich glücklich und wohlbehütet fühlen, während Sie sich vielleicht nicht wohlfühlen, wenn Sie eine Umarmung von jemandem erhalten, mit dem Sie im Konflikt stehen.

Persönlicher Freiraum

Persönlicher Freiraum, auch bekannt als Nähe, ist die Entfernung zwischen Einzelpersonen oder Gruppen. Der Abstand zwischen Menschen kann unser Gefühl von Komfort oder Sicherheit beeinflussen. Wenn Sie zum Beispiel in der Schlange vor einem Lebensmittelgeschäft stehen und die Person hinter Ihnen buchstäblich im Nacken spüren, was würden Sie tun? Wie würden Sie sich fühlen und warum? Wäre es in einem ähnlichen Szenario in Ordnung, wenn die Person, die so nahe bei Ihnen steht, ein Ehepartner oder ein bester Freund wäre?

Die Abstände zwischen den Menschen bilden die Grenze unserer Komfortzone. Wenn Sie zum Beispiel die Art von Person sind, die ihren eigenen Raum um sich herum mag, dann werden Sie eine Grenze haben, wie nahe Sie sogar Ihre Freunde an Sie heranlassen. Vielleicht mögen Sie es nicht, Menschen zu umarmen, um Hallo zu sagen. Wenn Sie eher eine berührungsfreundliche Person sind, dann ist weniger Raum kein Problem für Sie. Sie mögen es, jeden zu umarmen oder jedem die Hand zu schütteln. Jeder Mensch empfindet die Nähe zu anderen Menschen anders. Die Unklarheiten darüber, wie viel Raum die Menschen zwischen sich benötigen, kann zu Konflikten führen oder das Konfliktmanagement erschweren.

Nonverbale Kommunikation kann sehr schnell schiefgehen. Die Art und Weise, wie Sie sich benehmen, wie Sie andere wahrnehmen, Ihre Präsenz, Ihre Handlungen und Ihre Ausdrücke, all das kommuniziert, ohne dass Worte benutzt werden. Wenn Sie gut pokern können, dann können Sie Ihre Körpersprache gut verbergen. Wenn Sie schlechte nonverbale Kommunikationsfähigkeiten haben oder diese nicht kontrollieren können, könnte jemand, der mit Ihnen pokert, Ihren Bluff schnell durchschauen, was zu einem Verlust für Sie führt. Wenn die nonverbale Kommunikation schiefgeht, liegt das oft daran, dass es gemischte Signale gibt. Die Person ist sich der Botschaften, die sie sendet, nicht bewusst. Dies erschwert es der anderen Partei, die Körpersprache zu interpretieren. Hier ist ein Beispiel: Person A und Person B haben sich erst vor einer Woche kennengelernt und sind zu einem Kaffee verabredet. Person A hat ein nervöses Zucken und findet es schwierig, Blickkontakt zu halten. Person B sitzt aufrecht und hat eine selbstbewusste Körperhaltung, die sie auch von Person A erwartet. Während der ganzen Verabredung ist Person A nicht nervös und das Gespräch verläuft gut, aber ihre Körpersprache wirkt nicht sehr interessiert. Person B interpretiert diese nonverbale Kommunikation als respektlos und weist Person A darauf hin. Dies führt zu einem Streit darüber, dass Person B nicht das Gefühl hat, dass Person A interessiert ist oder zuhört. Person A versucht sich zu entschuldigen, ist sich aber ihrer Körpersprache noch immer nicht bewusst und schaut Person B nicht an, während sie sich entschuldigt, sodass Person B nicht das Gefühl hat, dass die Entschuldigung echt war und am Ende beleidigt ist. Die Verabredung endet mit einer Meinungsverschiedenheit.

Das Problem hier ist, dass Person A nicht wusste, wie ihr Verhalten wahrgenommen wurde und Person B die Körpersprache von Person A falsch interpretiert hat. Person A hat sich schon immer so verhalten, sodass sie kein Fehlverhalten ihrerseits empfand. Da sich Person B und Person A jedoch nicht sehr gut kennen, erhielten sie gemischte Signale, die sie verärgerten. Die nonverbale Kommunikation kann sehr schieflaufen, deshalb ist es wichtig, dass wir verstehen, wie sie zum Konflikt beitragen kann. Lernen Sie angemessene und effektive Wege der nonverbalen Kommunikation kennen. Das wird Ihnen helfen, die Botschaft so zu vermitteln, wie Sie es wollen.

Anzeichen dafür, dass ein Konflikt bevorsteht

Konflikte können in jeder Situation auftreten und sie entstehen, wenn man am wenigsten damit rechnet. Das Ziel ist es, Wege zu finden, diese zu lösen oder zu entschärfen, bevor sie beginnen. Die meisten Menschen sind sich der Anzeichen für einen bevorstehenden Konflikt nicht bewusst. Sie müssen wissen, worauf sie achten sollten. Lesen Sie Ihre eigene Körpersprache und die der anderen. Meistens können Sie die Anzeichen negativer Gefühle lesen, indem Sie einfach auf bestimmte nonverbale Hinweise achten. Einige Symptome sind mit den Fingern tippen oder mit den Füßen am Boden klopfen, Druck auf die Schläfen ausüben, Stirnrunzeln, sich den Nacken reiben, hochgezogene Augenbrauen oder eine verkrampfte Körperhaltung. Wenn Sie sich selbst dabei erwischen, wie Sie aufgebracht sind oder erkennen, dass Ihre Geduld nachlässt, ist es vielleicht an der Zeit, eine Pause für Sie selbst einzulegen, um sich zu sammeln, bevor ein Streit stattfindet. Manche Menschen wissen vielleicht nicht einmal, dass Sie sich belästigt fühlen, sodass dies ein guter Zeitpunkt ist, sich zu beruhigen. Wenn Sie merken, dass Ihr Gesprächspartner diese nonverbalen Anzeichen benutzt, können Sie dieses Wissen nutzen, um die Situation zu entschärfen.

Achten Sie darauf, dass die nonverbalen Hinweise richtig interpretiert werden. Zum Beispiel ist das Klopfen mit dem Fuß oder das Tippen mit den Fingern oft ein Zeichen von Angst und Irritation. Dasselbe gilt für eine unregelmäßige Atmung. Oftmals atmen wir tief aus, wenn wir verärgert oder frustriert sind, sodass es den Anschein haben kann, dass jemand verärgert ist, wenn er dasselbe tut. In Wirklichkeit könnte es einfach nur sein, dass er kurzatmig oder ängstlich ist. Schauen Sie sich verschiedene Ausdrücke ihrer Körpersprache an und leiten Sie eine Schlussfolgerung ab. Wenn Sie die Augenbrauen nach oben ziehen oder die Stirn runzeln und ihr Gesichtsausdruck an Ekel oder Enttäuschung erinnert, ist das ein Zeichen dafür, dass ein Streit ausbrechen könnte. Emotionale Signale, wie Angst oder plötzliche Bewegungen einer Person, können darauf hindeuten, dass sie wütend ist. Wenn jemand hin und her läuft, könnte er tief in Gedanken versunken oder wütend sein. Wenn es also viele Signale gibt, die mit der Körpersprache kommuniziert werden und manche vielleicht für verschiedene Menschen nicht die gleiche Bedeutung haben, wie erkennt man dann, ob jemand wütend ist oder nicht? Wenn Sie sich nicht sicher sind, fragen Sie die Menschen einfach.

Stellen Sie sich vor, Sie beobachten Ihre Nachbarn in ihrem Vorgarten, wie sie streiten. In diesem Beispiel verwenden wir die Frau als diejenige, die auf den Mann wütend ist. Sie können nicht hören, was vor sich geht, aber Sie sehen, wie sie ihre Arme wild um sich herum schlägt, ihren Kopf von einer Seite zur anderen schüttelt, ihr Gesicht rot wird und sie ihre Füße so bewegt, als ob Ameisen sie beißen würden. Der Mann steht ganz still da und versucht zu gehen, indem er ihr den Rücken zudreht. Dann sieht man, dass sie seinen Arm fest umklammert und zu schreien scheint. Man sieht deutlich, wie ihre Augen zornig sind und wie Sie ihre Zähne fest zusammengebissen hat. Der Mann dreht sich dann zu ihr um und versucht, sie zu umarmen, aber sie wendet sich ab, indem sie ihren ganzen Körper von ihm wendet und zur Haustür marschiert. Der Mann geht. In diesem Beispiel erkennen Sie die von der Frau verwendete Körpersprache als Frustration und Wut, aber warum? Woher wussten Sie, dass sie einen Streit hatten? Während der gesamten Situation waren ihr Gesichtsausdruck und ihre Körperbewegungen wütend und aufgebracht. Sie blickte finster drein, ihre

Arme schlugen wild um sich herum, sie schrie, sie wollte seine Umarmung nicht akzeptieren. Dies alles sind deutliche Anzeichen von Wut oder Frustration.

In diesem konkreten Beispiel ist das Paar zu diesem Zeitpunkt nicht in der Lage, den Konflikt zu lösen. Beide Parteien gehen weg, was eine sehr klare Körpersprache ist. Bevor ein Konflikt bis zu diesem Punkt eskaliert, sollten Sie die negative Körpersprache auf ein Minimum reduzieren, um ein Gespräch auf Kurs zu halten. Einige Dinge, die dazu führen können, dass ein Konflikt entsteht oder eskaliert, sind folgende:

- **Abgelenkt werden:** Während des Gespräches können Ablenkungen eine andere Person verärgern und die Botschaft vermitteln, dass Sie nicht hören wollen, was sie zu sagen hat.
- **Keinen Augenkontakt herstellen:** Fehlender Augenkontakt zeigt, dass Sie nicht auf den Sprecher fokussiert sind. Wenn Augenkontakt für Sie ein Problem darstellt, teilen Sie es mit und nutzen Sie andere Formen der Kommunikation, um zu zeigen, dass Sie bereit sind zuzuhören.
- **Auf Ihr Telefon oder andere digitale Geräte schauen:** Selbst wenn Sie glauben, dass Sie mit Ihrer vollen Aufmerksamkeit zuhören, tun Sie es nicht. Wenn Sie während eines Gespräches digitale Geräte und Telefone benutzen, hören Sie dem Sprecher nur teilweise zu, da Ihre Augen auf Ihr Telefon schauen. Sie können nicht vollständig verstehen, wie sich die Person fühlt oder was ihre Botschaft ist, wenn Sie nicht vollständig zuhören und ihre Körpersprache beobachten.
- **Abwesend sein oder nicht antworten:** Diese Körpersprache zeigt einen Mangel an Respekt, und die Person wird das Gefühl haben, dass es keinen Sinn hat, ein Gespräch zu führen, da Sie nicht wirklich zuzuhören scheinen. Einer Person zu antworten zeigt, dass Sie ihr zuhören und über das Gesagte nachdenken.

- **Zu schnelles oder zu leises Sprechen:** Ob Sie es glauben oder nicht, zu schnelles oder zu leises Sprechen kann Menschen verärgern, weil sie sich zu sehr bemühen müssen, Sie zu verstehen. Es kann auch ein Zeichen von mangelnder Vertrauenswürdigkeit sein. Es kann schwer zu verstehen sein und zu Missverständnissen oder Frustration führen.
- **Eindringen in den persönlichen Freiraum:** Der persönliche Freiraum definiert den Grad unseres Wohlbefindens in der Umgebung anderer. Er kann aufgrund unserer Moral, unserer Grenzen und Werte oder aufgrund unserer persönlichen Erfahrungen entstanden sein. Wenn uns unser Freiraum einmal genommen wird, haben wir das Gefühl, dass uns die gegnerische Partei nicht respektiert, und wir fühlen uns vielleicht in die Enge getrieben oder angegriffen. Wir können durch den Mangel an persönlichem Freiraum so abgelenkt werden, dass wir uns nicht auf den Dialog konzentrieren können. Wir handeln dann möglicherweise defensiv, um uns selbst zu schützen oder sind impulsiv.
- **Geschlossene Körpersprache:** Wenn Sie im Konflikt stehen, nehmen Sie eine geschlossene Körperhaltung ein, um zu zeigen, dass Sie sich zur Sicherheit verteidigen wollen. Wenn Sie sich jedoch nur unterhalten, impliziert eine geschlossene Körperhaltung, dass Sie unnahbar, mürrisch oder uninteressiert sind.

Eine positive Körpersprache zeigt, dass Sie Wert auf etwas legen und aufmerksam sind. Wenn Sie das nächste Mal mit jemandem sprechen, denken Sie über Ihre Körpersprache nach und stellen Sie sich dann vor, diese Person ahmt Ihre Körpersprache nach. Wie würden Sie sich fühlen? Was würden Sie denken? Verwenden Sie Körpersprache, um Ihre Botschaft zu vermitteln, um die Signale zu verstehen, die Sie aussenden, wenn Sie auf bestimmte Art und Weise handeln sowie um die Stimmungen der anderen zu beurteilen. Wenn Sie die Botschaft vermitteln wollen, dass Sie wütend und frustriert sind, dann verwenden Sie die Körpersprache, die diese Botschaft vermittelt. Wenn Sie darstellen wollen, dass Sie glücklich sind, dann müssen Sie offene, positive, nonverbale Hinweise verwenden, die diese Botschaft vermitteln.

Techniken zur Zerstreuung des Konfliktes

Ein effektives Konfliktmanagement durch nonverbale Kommunikation beinhaltet, andere zu sehen, gesehen zu werden und/oder von Angesicht zu Angesicht mit anderen zu interagieren. Der Gebrauch von nonverbaler Kommunikation kann eine weitere Eskalation von Konflikten verhindern. Die meisten Konflikte finden am Arbeitsplatz oder zu Hause statt. Dies kann sich auf unsere beruflichen oder privaten Beziehungen auswirken. Für die Beispiele in diesem Abschnitt werden Szenarien aus dem Arbeits- und Beziehungsalltag verwendet. Hier sind einige Vorschläge, wie man nonverbale Hilfsmittel zur Zerstreuung von Konflikten einsetzen kann, bevor sie eskalieren:

- Nehmen Sie sich einen persönlichen Moment Zeit für sich selbst.
  - Zählen Sie bis zehn, zwanzig, dreißig usw., bis Sie sich beruhigt haben.
  - Atmen Sie tief durch die Nase ein und durch den Mund aus, wobei Sie versuchen sollten, die gesamte Luft aus den Lungen zu pressen.
  - Machen Sie Ihren Kopf frei von Gedanken und kehren Sie dann zum Gespräch oder zum Konfliktpunkt zurück.
  - Nehmen Sie alles bewusst wahr. Beobachten Sie und achten Sie auf alles.
  - Was fühlen Sie?
  - Welche Körpersprache verwenden Sie?
  - Wie verhält sich die andere Person?
  - Was drückt der Sprecher mit seiner Körpersprache aus?

- Wie viel Abstand ist zwischen Ihnen und der anderen Person?
- Bleiben Sie gelassen.
  - Halten Sie Augenkontakt, aber versuchen Sie, die andere Person nicht anzustarren.
  - Atmen Sie in einem gleichmäßigen, ruhigen Tempo.
  - Halten Sie Ihren Gesichtsausdruck offen, freundlich oder neutral.
  - Seien Sie bereit, zuzuhören und einfühlsam zu sein.
  - Stehen oder sitzen Sie gerade.
  - Versuchen Sie, nicht zu zappeln oder sich von Ihrer Umgebung ablenken zu lassen.
  - Hören Sie zu.
  - Hören Sie aufmerksam zu.
  - Lehnen Sie sich ein wenig nach vorne, damit die andere Person erkennt, dass Sie aufmerksam sind.
  - Nicken Sie regelmäßig mit dem Kopf, um zu zeigen, dass Sie zugehört und alles verstanden haben.
  - Wenn Sie unsicher sind, verwenden Sie einen fragenden Blick, um Ihre Verwirrung zu vermitteln.

Meistens, wenn wir ruhig bleiben und effektiv zuhören, können wir einen Konflikt zerstreuen, bevor er beginnt. Dabei müssen Sie sich Ihrer eigenen Emotionen, Gedanken und Verhaltensweisen völlig bewusst sein, damit Sie positive Reaktionen zeigen können. Zeigen Sie während des gesamten Gespräches Einfühlungsvermögen und sorgen Sie dafür, dass Sie sich auch sicher fühlen. Bleiben Sie ruhig und offen, auch wenn die gegnerische Partei frustriert oder feindselig erscheint. Ihre positive non-verbale Kommunikation wird eine beruhigende, besänftigende Wirkung auf andere haben. Wenn ihre Körpersprache weiterhin in eine negative Richtung eskaliert, ist es manchmal am besten, das Gespräch zu beenden und wegzugehen. Dies gilt insbesondere dann, wenn Ihre Sicherheit infrage gestellt wird.

Erlernen der POP-Methode

POP ist ein Akronym für Person, Objekt und Platz. Diese Methode wird vor allem am Arbeitsplatz oder bei gewalttätigen Konflikten eingesetzt. Manchmal ist die Lösung eines Konfliktes keine Option, deshalb müssen wir über POP lernen, um uns vor Gefahren zu schützen. Haben Sie jemals eine erhöhte Nervosität oder Angst empfunden? Sie zittern vielleicht, können nicht denken oder sich bewegen. Sie haben vielleicht Atembeschwerden oder Übelkeit. Es ist fast so, als würden Sie alles vergessen haben und alles, was übrig bleibt, ist der Wunsch zu überleben. In einem Zustand der Angst oder überwältigender Emotionen kann Ihr Körper eine Kampf- oder Fluchtreaktion haben.

Die **Person** bezieht sich auf die Partei, mit der Sie in Konflikt stehen. Der erste Teil des POP-Modells verlangt, dass Sie die Einzelheiten darüber berücksichtigen, mit wem Sie in Konflikt stehen. Beachten Sie ihre Größe, ihr Gewicht, ihre ethnische Zugehörigkeit, ihr Alter, ihr Geschlecht, ihren Körpertyp usw. Beobachten Sie die Fakten objektiv und ohne Beurteilung. Nur weil jemand kräftig, einschüchternd und gefährlich aussieht, heißt das nicht, dass er sich bedrohlich verhält. Ebenso kann jemand, der klein oder zierlich ist, gefährlicher sein als er aussieht. Versuchen Sie, die tieferen Aspekte der Persönlichkeit und des Verhaltens dieser Person zu verstehen. Wie ist ihr Temperament, was sind ihre Eigenschaften, wie ist ihr mentaler oder emotionaler Zustand usw.? Hat sie aggressive Tendenzen? Wie verletzlich ist sie?

Objekt bezieht sich darauf, welche Gegenstände sich im Raum befinden und für Sie und die Person, mit der Sie in Konflikt stehen, zugänglich sind. Sind Waffen vorhanden? Gibt es spitze oder schwere Gegenstände in Ihrer Nähe oder in der Nähe der anderen Person, die als Waffe oder zur Verteidigung eingesetzt werden können? Wenn Sie unsicher sind und keine sichtbaren Anzeichen einer Waffe sehen, kann es trotzdem sein, dass es eine Waffe gibt. Zu Ihrer eigenen Sicherheit ist es am besten, wenn Sie glauben, dass die Person so ausgerüstet ist, dass sie Ihnen Schaden zufügen könnte, wenn der Konflikt physisch eskaliert. Denken Sie daran, dass alles als Waffe benutzt werden kann, auch ein Telefonbuch, eine Flasche, eine Gabel usw.

Mit **Platz** ist der Ort gemeint, an dem Sie sich befinden. In welcher Umgebung befinden Sie sich? Dazu gehören Orte wie Bars, im Freien, bei Ihnen zu Hause, bei einem Freund, am Arbeitsplatz usw. Die Beobachtung Ihrer Umgebung spielt eine wichtige Rolle bei der Einschätzung dessen, was in der Hitze des Gefechts passieren könnte. Wenn Sie zum Beispiel bei der Arbeit sind, ist es weniger wahrscheinlich, dass jemand eine Szene macht, während es, wenn Sie allein mit der Person sind, hitzig oder gewalttätig werden könnte. Sind Sie irgendwo, wo Sie sich auskennen? Kennen Sie alle Ausgänge? Achten Sie darauf, ob es Nacht oder Tag ist, ob es regnet oder schneit, ob es kalt oder warm ist, denn das kann sich auf den Grund auswirken, warum die Person in einem launischen oder wütenden Zustand ist.

Vertrauen Sie im Zweifelsfall Ihrem Bauchgefühl. Wenn jemand eine Körpersprache verwendet, die Sie als bedrohlich empfinden, finden Sie einen Weg, um schnell wieder aus der Sache herauszukommen. Die wichtigste Regel, um sich sicher zu fühlen, ist immer, sich Ihrer selbst, der anderen Person und Ihrer Umgebung bewusst zu sein.

Erlernen der SAFER-Methode

Das Akronym für **SAFER** bedeutet - Schreiten Sie zurück, Abschätzen der Bedrohung, Finden Sie Hilfe, Evaluieren Sie Optionen, Reagieren Sie. Diese Methode kann überall angewendet werden, auch am Arbeitsplatz, zu Hause oder an öffentlichen Orten. Wenn Sie die Körpersprache einer Person bedroht, können Ihnen diese Hilfsmittel helfen, auf die Gefahr zu reagieren.

Schreiten Sie zurück: Das bedeutet, stehen bleiben, schauen, zuhören und ruhig bleiben. Impulsives Handeln kann die Gefahr eskalieren lassen und uns daran hindern, entscheidende Fakten zu berücksichtigen. Wenn wir irrational handeln, denken wir nicht klar und können keine klugen Entscheidungen auf Grundlage von Fakten treffen.

Abschätzen der Bedrohung: Aus Ihrer Lektion über POP wissen Sie, wie man die Situation auf Gefahren einschätzen kann. Schauen Sie sich die Person an, lesen Sie ihre Körpersprache, nehmen Sie an, dass Waffen vorhanden sind und schätzen Sie Ihre Umgebung auf Waffen oder Abwehrmittel ein.

Finden Sie Hilfe: Schauen Sie nach einem Fluchtweg oder einer Rettung. Es kann eine Tür oder ein Fenster sein, ein Transport- oder Kommunikationsmittel oder eine andere Person. Finden Sie heraus, wer sich in Ihrer Umgebung befindet und wie weit diese Person entfernt ist. Wenn Sie zu Hause sind, ist Ihr Nachbar zu Hause? Wie weit ist Ihr Telefon entfernt? Wenn Sie bei der Arbeit sind, wo befindet sich die nächste Person? Wenn es so aussieht, als gäbe es keine Hilfe, bleiben Sie ruhig und denken Sie weiter nach und beobachten Sie.

Evaluieren Sie Optionen: Nachdem Sie die Möglichkeiten, Hilfe zu erhalten, durchgespielt haben, entscheiden Sie, welcher der beste Weg zu Ihrer Sicherheit ist. Ist ein Gespräch eine Möglichkeit, um die verärgerte Partei zu beruhigen oder müssen Sie die Hilfe eines anderen in Anspruch nehmen? Müssen Sie einen Ausweg finden?

Reagieren Sie: Nachdem Sie alle Ihre Optionen in Erwägung gezogen haben, besteht der letzte Schritt darin, Ihre Entscheidung durchzuführen. Seien Sie darauf vorbereitet, dass nicht alles so läuft, wie Sie es sich vorgestellt haben und stellen Sie sicher, dass Sie einen Plan B und gegebenenfalls sogar einen Plan C haben.

Zusammenfassung des Kapitels

Es kann Zeit, Geduld und Übung erfordern, um vollständig zu verstehen, wie uns nonverbale Kommunikation helfen kann, Konflikte zu entschärfen. Die Beherrschung der nonverbalen Kommunikation wird es Ihnen erleichtern, das Verhalten der Menschen vor, während und nach einem Konflikt zu lesen. Sie wird Ihnen auch helfen, Ihre eigene Körpersprache zu beherrschen, um sicherzustellen, dass Sie die richtige Botschaft vermitteln und nicht zu Missverständnissen beitragen.

In diesem Kapitel haben Sie gelernt:

- Was nonverbale Kommunikation ist und warum sie wichtig ist.
- Wie man Anzeichen eines Konfliktes erkennt, bevor er entsteht.
- Wie man eine Situation entschärft, bevor sie eskaliert.
- Die POP-Sicherheitsmaßnahmen.
- Die SAFER-Sicherheitsmaßnahmen.

Im nächsten Kapitel erfahren Sie etwas über Emotionen, wie sie zu einem Konflikt beitragen und wie Sie diese während einer Konfliktsituation handhaben können.

KAPITEL 5:

Konfliktmanagement-Technik 03 - Der Umgang mit Emotionen

Wenn es um Emotionen und Konflikte geht, dann sind wir so in einem Gespräch verwickelt, dass wir uns möglicherweise nicht mehr bewusst sind, wie wir uns im Moment fühlen. Dies geschieht, weil wir in einer freundlichen und vertrauten Umgebung nicht so sehr mit unseren Gefühlen im Einklang sein müssen. Wir machen es uns so bequem, dass wir vielleicht nicht merken, dass ein Konflikt entsteht. Vielleicht war ein Wort oder eine störende Aussage der Auslöser, oder eine bestimmte Stimmung oder Körpersprache hat Sie oder die andere Person plötzlich überrumpelt. Wenn sich ein Konflikt aufbaut, beschleunigt sich die Herzfrequenz, die Atmung wird kurz, der Kopf ist voller Gedanken usw. All diese gesteigerten Emotionen nehmen zu und ehe man sich versieht, sagt man Dinge, die man nicht meint, tut Dinge aus einem emotionalen Impuls heraus und wird wütend, depressiv, ängstlich usw.

Wie können Sie also verhindern, dass Ihre Emotionen außer Kontrolle geraten? Wie beginnen Sie, die Anzeichen dafür zu erkennen, dass Sie oder die Menschen um Sie herum emotional werden? Sie müssen sich Ihres emotionalen Zustands vor und während des Konfliktes bewusst sein. Sie müssen sich zwingen, das Verhalten von sich selbst und anderen zu beobachten. Sie müssen Strategien zur Selbsterkenntnis lernen und in fast jedem Moment achtsam sein, damit Sie Ihre Emotionen beherrschen können.

Selbstbewusstsein entwickeln

Selbstbewusstsein ist die Fähigkeit, die eigenen Gedanken, Gefühle, den eigenen Charakter, die Beweggründe und Wünsche zu erkennen und wahrzunehmen. Eine Person, die die Fähigkeit hat, sich ihrer selbst bewusst zu sein, bemerkt, wenn ihr Herz schneller schlägt oder wenn sich ihre Körpersprache oder ihr Tonfall verändert. Die Selbstbewussten nehmen sich die Zeit, sich in jeder Situation selbst zu reflektieren. Selbstbewusstsein erfordert, dass man mit sich selbst und seiner Persönlichkeit im Einklang ist und sein typisches Verhalten versteht. Sie müssen Ihre Stärken, Schwächen und Überzeugungen kennen und wissen, was Sie zu der Person macht, die Sie sind. Bei Selbsterkenntnis geht es aber nicht nur um Sie selbst. Es geht auch darum, zu sehen und zu verstehen, wie andere Sie wahrnehmen und zu erkennen, wenn Sie etwas getan haben, das andere verärgert haben könnte. Es geht darum, zu wissen, was Sie bewegt und das Bewusstsein zu haben, andere Menschen zu verstehen und zu begreifen, wie sie sich fühlen. Es kann an Ihnen oder an der Umgebung liegen oder in der anderen Person selbst. Die Entwicklung von Selbstbewusstsein ist entscheidend, um Dinge zu verstehen und zu bemerken, bevor sie geschehen. Dies spielt eine wichtige Rolle bei der Lösung oder Zerstreuung von Konflikten. Hier sind einige Hinweise, die Sie befolgen können, um sofort mit der Arbeit an Ihrer Selbstwahrnehmung zu beginnen:

Treten Sie einen Schritt zurück und beobachten Sie sich selbst

Manchmal sind wir so in unserem eigenen Leben gefangen, dass wir vergessen, einen Schritt zurückzutreten, um uns selbst zu reflektieren. Wenn man sich die Zeit nimmt, sich selbst objektiv zu betrachten, kann man definieren, welche Aspekte man an sich selbst nicht mag und daran arbeiten, sie zu verändern. Sich selbst auf diese Weise kennenzulernen, ist unglaublich lohnenswert. Folgendes könnten Sie unternehmen:

- Denken Sie an Dinge, auf die Sie stolz sind.
- Identifizieren Sie Ihre Stärken und Schwächen.
- Machen Sie sich Ihre Stärken zunutze.
- Arbeiten Sie an Ihren Schwächen.
- Belohnen Sie sich häufig selbst.
- Üben Sie oft Selbstdisziplin.
- Denken Sie darüber nach, was Sie wirklich glücklich macht.
- Seien Sie ehrlich zu sich selbst.

Führen Sie ein Tagebuch

Das Führen eines Tagebuchs ist nachweislich vorteilhaft für unser Leben, in vielerlei Hinsicht. Sie können alles in Ihr Tagebuch schreiben. Einige Beispiele sind:

- Ihr Leben.
- Ihre Ängste und Sorgen.
- Ihre Ziele und Bestreben.
- Ihre Stärken und Schwächen.
- Ihre Gedanken.
- Ihre Träume.
- Notizen über andere Menschen.
- Ihre Meditationstechniken (was funktioniert und was nicht).
- Ihre Fitnessziele und -leistungen.
- Ein Bericht über Ihre Ernährung.

Die Möglichkeiten sind endlos. Beim Führen eines Tagebuches geht es darum, das zu schreiben, was einem durch den Kopf geht, sodass man sich der Gedanken befreit, es aus einer anderen Perspektive betrachten und einen Einblick in sich selbst gewinnen kann. Manchmal wird es als eine Möglichkeit benutzt, Gedanken loszulassen, indem man sie aufschreibt, damit man zu anderen Gedanken übergehen kann. Es ist eine Technik der Selbstreflexion, die nachweislich die Stimmung verbessert und Sie dazu motiviert, herauszufinden, was Sie in Ihrem Leben wollen.

Üben Sie Selbstreflexion

Wachen Sie jeden Tag auf und fragen Sie sich, was Sie sich von dem Tag wünschen. Was wollen Sie erreichen? Wie wollen Sie heute leben? Fragen Sie sich am Ende jeden Tages, ob Sie das, was Sie sich heute vorgenommen haben, erreicht haben. Fragen Sie sich, ob Sie irgendetwas anders machen würden. Denken Sie über die Höhen und Tiefen des Tages nach und definieren Sie, wie Sie es morgen besser machen können. Bei diesen Fragen geht es nicht um die Beurteilung Ihrer Selbst, sondern darum, Ihren Geist zu öffnen, um Ihre Gedanken und Ihr Verhalten zu erkennen und zu verstehen. Selbstbewusstsein und Selbstreflexion helfen Ihnen, sich selbst zu kennen, was dazu führt, dass Sie realisieren, was Sie im Leben erreichen wollen und Sie dies auch höchstwahrscheinlich tun werden.

Üben Sie Achtsamkeit

Achtsamkeit bedeutet Einssein mit sich selbst in diesem gegenwärtigen Moment. Legen Sie Ihre Gedanken, Gefühle und Überzeugungen beiseite und leben Sie einfach im Hier und Jetzt. Wenn Sie zum Beispiel eine schöne, warme Tasse Tee trinken, sehen Sie sie an, als hätten Sie sie noch nie zuvor gesehen. Schmecken Sie den Tee zum ersten Mal. Halten Sie zum ersten Mal eine heiße Tasse in der Hand. Bemerken Sie zum ersten Mal die verschiedenen Farben auf Ihrer Tasse. Achtsamkeit bedeutet, das Gefühl zu üben und den Moment, in dem man sich gerade befindet, in seiner ganzen Fülle zu erleben. Im Moment lesen Sie einen Abschnitt über Selbsterfahrung, weil Sie lernen wollen, wie Sie Konflikte schnell und effizient lösen können. In diesem Moment ist also nichts anderes wichtig. Denken Sie nicht darüber nach, was draußen passiert oder was jemand anderes tut. Alles, was zählt, ist jetzt, und der Rest der Welt kann warten. Tada! Sie haben gerade einen kurzen Moment der völligen Achtsamkeit hinter sich gebracht. Achtsam zu sein, bedeutet nicht:

- Sich selbst zu verurteilen.
- Sich selbst oder alles um einen herum infrage zu stellen.
- Über eine Sache nachzudenken und sich dann zu einer anderen Sache hinreißen zu lassen.

Die ersten paar Male, wenn Sie Achtsamkeit üben, könnten eine Herausforderung sein und Sie könnten abgelenkt werden. Wenn das passiert, bringen Sie sich zurück in den Moment und konzentrieren Sie sich wieder auf das, was Sie zu diesem Zeitpunkt erleben.

Bitten Sie um Feedback

Zu wissen, was andere von Ihnen denken, aber es nicht persönlich zu nehmen, kann Ihnen helfen, zu erkennen, woran Sie arbeiten müssen. Sie können Ihren engsten Freund fragen, wie Sie wirklich sind oder wie Sie auf andere wirken, und wenn Ihnen die Antwort nicht gefällt, können Sie daran arbeiten, dies zu ändern. Wenn Ihnen die Antwort gefällt, dann beglückwünschen Sie sich dazu, dass Sie genau so wahrgenommen werden, wie Sie sein wollen. Nutzen Sie die Selbstwahrnehmung, wenn Sie ein Verhalten verbessern wollen und versuchen Sie herauszufinden, wann dies geschieht. Einen Auslöser, eine Emotion oder einen Rückschlag in dem Moment zu erkennen, in dem es passiert, kann manchmal nur durch das Feedback von anderen erreicht werden, denen Sie vertrauen.

Selbstbewusstsein entsteht, wenn wir offen für konstruktive Kritik sind und uns selbst und andere dabei nicht beurteilen. Es ist in Ordnung, wenn es Ihnen an Selbstvertrauen fehlt oder wenn Sie sich täglich infrage stellen. Wenn Sie Strategien zur Selbstwahrnehmung erlernen, können diese auch zur Entwicklung des Selbstwertgefühls beitragen.

Umgang mit Wut während eines Konfliktes

Eine Situation führt oft zu Konflikten, wenn jemand das Gefühl hat, dass etwas ungerecht ist und er wütend wird. Wir alle haben unterschiedliche Persönlichkeiten, unterschiedliche Überzeugungen und unterschiedliche Vorgehensweisen. Keine zwei Menschen sind gleich, und obwohl man nie sicher sein kann, wie jemand reagieren wird, ist Wut eine häufige Emotion, die Menschen während eines Konfliktes zum Ausdruck bringen. Viele Beziehungen enden, weil jemand die Wut während eines Konfliktes nicht bewältigen kann. In extremen Fällen kann dies zu Aggression und Gewalt führen.

Manche Menschen haben ein wütendes Temperament oder sind anfälliger für Wutausbrüche oder wütende Reaktionen. Dieses Temperament kann auf frühere Erfahrungen, erlerntes Verhalten oder innere Konflikte zurückzuführen sein. Die Überwindung der Wut erfordert die Akzeptanz, dass es ein Problem gibt. Wird man aus dem Nichts heraus wütend? Macht Sie eine Person wütender als alle anderen? Lösen bestimmte Situationen oft intensive Emotionen aus? Finden Sie heraus, was Ihre Auslöser sind und arbeiten Sie dann daran, Ihre Wut zu beherrschen, bevor sie zu einem Konflikt beiträgt.

Hier sind ein paar Möglichkeiten, wie Sie mit Wut oder anderen intensiven Emotionen umgehen können, wenn Sie sich in einer Konfliktsituation befinden.

Geduld

Der Umgang mit Wut und anderen Emotionen erfordert nicht nur Geduld mit einer anderen Person, sondern auch mit sich selbst. Geduld als Mittel zur Selbsterkenntnis erfordert, dass man innehält, wenn man ein intensives Gefühl spürt und es unterdrückt, bevor es zu einem Konflikt beiträgt. Bei Geduld geht es um Zeit; Zeit, um Perspektiven zu erwägen, Zeit, um Ihrer Wut zu erlauben, sich zu beruhigen, Zeit, um mit dem Weinen aufzuhören, Zeit, um zu atmen, Zeit, um zuzuhören. Geduld funktioniert auch mit anderen. Wenn Sie sich die Zeit nehmen, eine Situation in aller Ruhe anzugehen, ist es weniger wahrscheinlich, dass die andere Person die Situation zum Eskalieren bringt, da unser geduldiges Verhalten eine beruhigende Wirkung auf die Menschen um uns herum hat.

Atmung

Die Anwendung von Atemtechniken zur Bewältigung intensiver Emotionen während eines Konfliktes erfordert, dass Sie daran arbeiten, Ihren Körper im Auge zu behalten. Atmen Sie langsam und tief und konzentrieren Sie sich auf den Moment. Die richtige Atmung wirkt bei fast allen intensiven Emotionen beruhigend. Wenn Sie wütend sind, hysterisch werden oder eine Panikattacke haben, werden Sie feststellen, dass Ihr Atem sich verkürzt oder dass Sie hyperventilieren oder den Atem anhalten. Dies ist der Zeitpunkt, an dem Sie sich einen Moment Zeit nehmen sollten, um einfach nur zu atmen. Am besten atmen Sie Ihre Frustration durch tiefe Atemzüge aus. Es gibt ein paar Möglichkeiten, tief zu atmen. Hier ist eine Methode dafür:

1. Wenn Sie dazu in der Lage sind, gehen Sie an einen ruhigen Ort, wo Sie allein sein können.
2. Sie können diese Übung sitzend, stehend oder liegend durchführen.
3. Manche Menschen finden es hilfreich, eine Hand auf den Bauch und eine Hand auf die Brust zu legen, um die Konzentration zu erleichtern.
4. Diese Übung wird meistens mit geschlossenen Augen durchgeführt, aber die Augen können auch auf etwas Beruhigendes oder Schönes gerichtet werden.
5. Atmen Sie 3-5 Sekunden lang durch die Nase ein, lassen Sie dabei den Bauch und dann die Brust aufsteigen.
6. Halten Sie den Atem für drei Sekunden an.
7. Lassen Sie den Atem langsam durch den Mund für 3-5 Sekunden los.

8. Wiederholen Sie das Atemmuster, wobei Sie sich darauf konzentrieren, Ihren Bauch und dann Ihren Brustkorb mit Luft zu füllen und dann vollständig, aber langsam auszuatmen.
9. Wiederholen Sie die Atemübung, bis Sie spüren, wie sich Ihr Körper und Ihr Geist beruhigen. Manche Menschen machen bis zu zehn Wiederholungen mehrmals am Tag als Teil ihrer regelmäßigen Gesundheitsroutine!
10. Beenden Sie die Atemsitzung, indem Sie die Augen öffnen und langsam wieder normal atmen.
11. Stehen Sie vorsichtig und langsam auf.

Manche Menschen praktizieren auch die Variante, bei der nur der Bauch oder nur der Brustkorb mit Luft gefüllt und dann ausgeatmet wird. Probieren Sie alle Varianten aus und finden Sie heraus, was für Sie am besten funktioniert.

Wenn Sie versuchen, während eines Konfliktes diskret zu atmen, bringen Sie einfach Ihre Hände in eine bequeme Position und atmen Sie tief, ruhig und langsam. Schon das eine oder andere Mal kann ausreichen, um eine beruhigende Wirkung zu erzielen.

Weggehen

Manchmal kann ein Streit aus dem Ruder laufen, und dann kann es zu verletzenden Worten und Taten kommen. Bevor dies geschieht, sollten Sie sich von dem entfernen, was Sie verärgert. Wenn es sich um eine Person handelt, lassen Sie sie wissen, dass Sie sich nicht weiter beteiligen möchten und Sie eine Pause brauchen. Sagen Sie ihr, dass Sie weggehen, um den Kopf frei zu bekommen, und nicht, weil Sie nicht bereit sind, den Konflikt zu lösen. Manchmal wird die Person nach Ihnen rufen, wenn Sie weggehen, aber in manchen Situationen ist das Ihre einzige Möglichkeit. Wenn Sie weggehen, lenken Sie Ihren Geist von dem ab, was Sie bedrückt. Einige Dinge, die Sie tun können, sind:

- Gehen Sie ein wenig joggen.
- Machen Sie einen Spaziergang im Park oder um den Block.

- Arbeiten Sie an einem Projekt, das Sie gerade durchführen.
- Gehen Sie Ihrem Hobby nach.
- Schauen Sie sich eine Sendung an, hören Sie Musik oder ein Hörbuch.
- Lesen Sie ein Buch, E-Book, eine Zeitschrift oder einen Blog.
- Rufen Sie einen Freund oder ein Familienmitglied an, um zu sehen, wie es ihnen geht.
- Machen Sie einige tiefe Atemzüge.

Das mag offensichtlich erscheinen, oder Sie könnten denken, dass es sich eigentlich gar nicht um eine Methode handelt. Wenn unsere Emotionen verstärkt sind, denken wir oft nicht nach, bevor wir handeln, oder wir sagen Dinge, um den Konflikt weiter eskalieren zu lassen. Waren Sie schon einmal in einer Meinungsverschiedenheit, bei der Sie unterbrochen wurden oder bei der nichts, was Sie sagten, zu funktionieren schien? Da werden Stimmen laut, die Körpersprache wird negativ, der Gesichtsausdruck feindselig oder traurig, und was immer Ihnen durch den Kopf geht, kommt ungefiltert aus Ihrem Mund heraus, bevor Sie es zurücknehmen können. Geduld und Atmung sollten eingesetzt werden, bevor ein Streit eskaliert. Wenn es aber nötig ist, lassen Sie die gegnerische Partei wissen, dass Sie weggehen, um sich etwas Zeit zum Nachdenken zu nehmen, bevor Sie reagieren, damit Sie nicht das Falsche sagen.

Lachen Sie ein wenig

Okay, Sie fragen sich wahrscheinlich, ob man Humor verwenden sollte, aber Sie sind besorgt, ihn zur richtigen Zeit und am richtigen Ort einzusetzen, richtig? Manchmal eskalieren Konflikte, weil wir die Dinge zu ernst nehmen, oder wir nehmen uns nicht die Zeit, über uns selbst zu lachen, um eine Situation zu lindern. Humor kann wirksam sein, um Ärger zu lösen und auf eine Lösung hinzuarbeiten. Achten Sie darauf, dass der Humor für keine der beiden Parteien eine Beleidigung darstellt. Wenn Sie und Ihr Partner zum Beispiel mitten in einem großen Streit sind, könnten Sie statt einer weiteren Eskalation eine humorvolle Erklärung abgeben, wie zum Beispiel: "Mensch, wenn es noch hitziger wird, müssen wir vielleicht jemanden holen, der uns abspritzt." Das sollte dazu führen, dass Sie beide miteinander lachen. Achten Sie darauf, dass Sie miteinander und nicht übereinander lachen. Hoffentlich wird die Situation dadurch leichter. Solange Sie aufrichtig sind und darauf achten, dass es keinen Sarkasmus oder herablassende Bemerkungen gibt, kann Humor Sie an einen positiveren Ort bringen.

Positives Selbstgespräch

Oftmals hören wir zu sehr auf unsere innere Kritik oder die Meinung anderer, und das lässt uns unsere Identität oder unseren Standpunkt infrage stellen. Wenn jemand Sie in einem schwierigen Gespräch beleidigt hat oder darauf besteht, dass Sie sich irren, sollten Sie, anstatt negativ zu reagieren und den Konflikt eskalieren zu lassen, positive Selbstgespräche zur Bewältigung Ihrer Emotionen nutzen. Sie können zu sich selbst sagen:

- Ich glaube an mich selbst.
- Atme ... (Ihr Name), es ist okay, das wird nicht ewig so weitergehen.
- Mir geht es gut, ich bin voll und ganz in der Lage, angemessen mit mir selbst umzugehen.
- Sie sind verrückt, und sie meinen nicht, was sie sagen.
- Ich bin zuversichtlich, was meinen Standpunkt betrifft.
- Ich werde nicht zulassen, dass mich ihre Worte verletzen oder mein Selbstwertgefühl beeinträchtigen.
- Ich werde nicht wütend reagieren.

Bei einem positiven Selbstgespräch geht es darum, sich zu beruhigen, sich selbst zu unterstützen und an seinen Standpunkt zu glauben. Akzeptieren Sie die an Sie gerichtete Negativität nicht.

Vergebung

Vergebung kann schwer sein. Sie erfordert, dass Sie Ihren Zorn loslassen und keinen Groll mehr hegen. Sie können auf eine andere Person oder sogar auf sich selbst wütend sein. Es könnte sein, dass jemand Ihnen oder jemandem, den Sie lieben, etwas Schlimmes angetan hat. Es könnte daran liegen, dass Sie mit etwas nicht einverstanden sind, das getan wurde, ohne vorher nach Ihrer Erlaubnis oder Meinung zu fragen. Manche Dinge sind leichter zu vergeben als andere. Es geht bei der Vergebung nicht immer darum, einer anderen Person zu vergeben, sondern darum, sich selbst zu vergeben, dass Sie zu den Konflikten in Ihrem Leben beigetragen haben oder dass Sie etwas Schlimmes getan haben. Wenn Sie an Wut, Frustration oder Hass festhalten, bedeutet das, dass Sie in Ihrem Geist und in Ihrem Herzen weniger Platz für die glücklichen und positiven Dinge im Leben haben.

Mehr Entgegenkommen und weniger Stolz

Oft trübt der Stolz unseren Blick. Wir fühlen uns überlegen oder wir konkurrieren, um einen Streit zu gewinnen, weil es in unserer Natur liegt. Wenn Ihr Stolz es Ihnen nicht erlaubt, einen Rückzieher zu machen und den Bedürfnissen anderer entgegenzukommen, dann werden Sie wahrscheinlich eine Menge Konflikte in Ihrem Leben haben. Vielleicht hat man Ihnen beigebracht, mit anderen so zu verfahren, wie diese es mit Ihnen getan haben. Aber warum müssen Sie sich diesen Überzeugungen anpassen und darauf abzielen, jemand anderem zu schaden? Nur weil Sie jemand beleidigt oder mit Ihnen nicht einverstanden ist, heißt das nicht, dass Sie wütend sein oder Vergeltung üben müssen. Wenn Sie in einer hitzigen Auseinandersetzung waren, sind Sie dann mit dem Bedauern über etwas, das Sie gesagt oder getan haben, weggegangen? Wenn Sie mit "Ja" antworten, dann geschah dies nur deshalb, weil Ihnen der Stolz in die Quere gekommen ist. Lassen Sie Ihr aufgeblasenes Ego los und bleiben Sie entgegenkommend, während Sie sich in Durchsetzungsvermögen und Kontrolle Ihrer persönlichen Grenzen üben.

Diese Techniken wurden erörtert, um Ihnen Optionen zu geben, wenn Sie sich in einer Konfliktsituation befinden. Keine bestimmte Strategie oder Methode funktioniert für jede Person. Sie können verschiedene Taktiken ausprobieren, sich die Ergebnisse ansehen und entscheiden, welche Hilfsmittel in verschiedenen Situationen am besten für Sie funktionieren. Nur Sie wissen, was für Sie am besten funktioniert, also probieren Sie etwas für eine Weile aus, und wenn es nicht funktioniert, versuchen Sie etwas anderes. Möglicherweise müssen Sie eine Kombination von Strategien anwenden, um mit Ihren eigenen Emotionen während eines Konfliktes umgehen zu können.

Zusammenfassung des Kapitels

Die vielleicht wichtigste Lektion, die Sie in diesem Kapitel gelernt haben, ist, dass wir durch den Umgang mit unseren Emotionen eine bessere Chance haben, Konflikte zu lösen. Die Bewältigung unserer Emotionen durch die Entwicklung des Selbstbewusstseins und der Umgang mit Emotionen, wie Wut, können uns helfen, einen Konflikt zu entschärfen, bevor er eskaliert.

In diesem Kapitel haben Sie gelernt:

- Wie man Selbstbewusstsein entwickelt.
- Techniken zur Bewältigung übermäßiger Emotionen, bevor sie eskalieren.
- Wie man die Wut während eines Konfliktes loslassen kann.

Im nächsten Kapitel erfahren Sie, wie Sie Überzeugungs- und Verhandlungstechniken einsetzen können, um die Meinung der Menschen in Ihrer Umgebung zu ändern.

KAPITEL 6:

Konfliktmanagement-Technik 04 - Meinungsänderung durch Überzeugungsarbeit und Verhandlung

Bei der vierten Technik des Konfliktmanagements geht es darum, wie man die Meinung der Menschen, einschließlich Ihrer eigenen, durch Perspektive, Überzeugung und Verhandlungen ändern kann. Wir versuchen oft, einen Streit auf dieselbe Weise zu lösen, wie wir frühere Konflikte gelöst haben, doch die gegenwärtige Situation kann sich von der früheren Erfahrung unterscheiden. Was die meisten Menschen nicht erkennen, ist, dass es keine "Einheitslösung" für einen Konflikt gibt.

Der Grund, warum es wichtig ist, die Perspektive von sich selbst und anderen zu verstehen, ist, dass man sich in die Art und Weise hineinfühlen kann, wie ein Konflikt für jemand anderen erscheint. Sobald Sie verstehen, was geschieht, können Sie andere besser dazu bringen, Ihre Sicht der Dinge zu sehen. Wie Sie in den vorangegangenen Kapiteln gelernt haben, schränkt die emotionale Reaktion oder die verbale und nonverbale Aggressivität die Möglichkeiten zum Konfliktmanagement ein. Wenn Sie die Perspektive eines anderen verstehen, erfahren Sie, wie die Person denkt und warum sie so reagiert, wie sie es tut. Während eines Konfliktes ziehen manche Menschen die Perspektive des anderen nicht in Betracht, weil sie zu stolz sind oder einen Streit gewinnen wollen, anstatt den Konflikt zum gegenseitigen Nutzen beider Parteien zu lösen. Wenn das Ziel darin besteht, zu einer Einigung oder einem Kompromiss zu kommen, dann können Opfer gebracht werden, um einen Mittelweg und eine Lösung zu finden. Wenn Sie auf einen Konflikt in wettbewerbsorientierter oder stolzer Weise reagieren, weil Sie das Argument "gewinnen" wollen, kann das Ergebnis sein, dass Sie dadurch Ihren Job, Ihren Freund oder Ihren Ehepartner verlieren.

Wenn wir die Perspektive eines anderen Menschen einnehmen, um seine Position zu verstehen, kann das unsere Chancen erhöhen, andere zu überzeugen und eine Lösung auszuhandeln. Die Vorteile des Verstehens und des Hineinversetzens in die Perspektive anderer sind:

- Mehr Informationen über die Situation erhalten.
- Mehr über sich selbst und einen anderen Menschen erfahren.
- Befähigt Sie, effektive verbale und nonverbale Strategien zu wählen.
- Verbesserung der Fähigkeit des Zuhörens.
- Verbesserung der Chancen für gesündere Beziehungen.
- Hilft uns, zu definieren, wer wir sind.
- Schaffung von Empathie.

Laut Michael Carroll, einem Experten für neurolinguistisches Programmieren (NLP), bedeutet die sogenannte "Dreifach-Position", dass man eine Kombination aus drei verschiedenen Sichtweisen verwendet, um die Perspektiven einer Situation vollständig zu erfassen und zu verstehen. Die erste Position besteht darin, sich selbst zu betrachten, was Sie auch im vorangegangenen Kapitel über die Selbstwahrnehmung gelernt haben. Die zweite Position besteht darin, die Dinge von der anderen Seite zu betrachten und Einfühlungsvermögen und emotionale Intelligenz zu nutzen, um die Chancen für eine Lösung zu erhöhen. Die dritte Position ist, die Situation aus der neutralen Überblicksperspektive zu betrachten. Wenn man schließlich die dreifache Position erreicht, kann man die Perspektive jeder Partei sowie das Gesamtbild betrachten, um ein besseres Verständnis der Gesamtsituation zu schaffen.

Erste Position: Sich selbst

Denken Sie bei der ersten Position in der gleichen Weise, als würden Sie beim Schreiben die Ich-Erzählperspektive verwenden. Es ist Ihre Perspektive und Ihre persönliche Meinung darüber, was während eines Ereignisses oder einer Situation geschieht. Die erste Position bedeutet, dass Sie die Dinge nur aus Ihrer eigenen Sicht betrachten und nicht aus der Sicht eines anderen. Die Ich-Perspektive kann sowohl negativ als auch positiv sein. Oft wird die erste Position von Menschen eingenommen, die konkurrenzbetont, engstirnig und egozentrisch sind. Sie kann um des eigenen Egoismus-Willens genutzt werden, sie kann aber auch genutzt werden, um ganz mit sich selbst in Einklang zu sein. Es kann positiv sein, wenn man seine eigenen Emotionen voll und ganz spürt und ein klares Bild seines persönlichen Zieles verfolgen kann.

Zweite Position: Andere

Ein Beispiel für jemanden, der die zweite Position benutzt, ist ein Therapeut, ein Verkäufer, ein Vermittler oder ein Richter. Diese Personen müssen die Perspektive der anderen klar verstehen, um ihre Arbeit verrichten zu können. Diese Arten von Menschen haben ein signifikantes Verhandlungsgeschick und können die Denkweise eines anderen verstehen. Die zweite Position ähnelt dem Erzählen oder Betrachten eines Sachverhalts aus dem Blickwinkel der zweiten Person in einer Geschichte. Beim Geschichtenerzählen verwendet der Autor beispielsweise "Du/Er/Sie/Ihr"-Aussagen und erzählt die Geschichte auf eine Weise, die direkt zum Publikum spricht. Der Standpunkt der zweiten Person bezeichnet eine allgemeine Art des Erzählens und Sprechens und nicht die persönliche Sichtweise einer Person aus deren Erfahrung. Beim Konfliktmanagement erfordert die Sichtweise aus der zweiten Position Einfühlungsvermögen und Verständnis, wenn es um die Gedanken und Gefühle eines anderen geht.

Dritte Position: Beobachter

Eine Geschichte aus der Sicht der dritten Person zu erzählen, erklärt jeden Aspekt der Geschichte. Dies wird auch als Erzählperspektive bezeichnet. Sie berichten nicht aus der Perspektive eines einzelnen Charakters, stattdessen beschreiben Sie das ganze Bild, z. B. „Er fühlte sich XXX", „Sie sagte XXX". Es ist die Erklärung dessen, was mit jeder Figur in einer Geschichte geschieht. Die dritte Position ist die letzte Position in der dreifachen Wahrnehmungserfahrung, in der Sie als Individuum einen Schritt zurücktreten und die Szene als Ganzes betrachten können. Stellen Sie sich vor, Sie würden einen Schritt aus sich/Ihrem Selbst heraus machen." Sie schauen nicht mehr auf Ihre eigenen Emotionen und empfinden kein Mitgefühl mehr für die Perspektive oder die Gedanken eines anderen. Stattdessen haben Sie einen vollständigen Schritt aus der Situation heraus gemacht und betrachten sie nun als Außenstehender - als dritte Person. Diese Position ist hilfreich, wenn Sie über das Verhalten jedes Einzelnen nachdenken oder eine Situation objektiv, nicht urteilend und nicht emotional bewerten wollen.

Die Kombination: Dreifache Position

In der dreifachen Positions-Perspektive kombinieren Sie erfolgreich all diese Positionen und nutzen sie, um einen Konflikt effektiv zu lösen. Typischerweise entsteht ein Streit, wenn jede Konfliktpartei in der ersten Position stecken bleibt. Letztlich ist es nicht unsere Schuld, wenn wir die Dinge von der ersten Position aus betrachten, denn wir sind alle einzigartig und individualistisch und oft auf unsere eigenen Bedürfnisse ausgerichtet, daher macht es nur Sinn, dass wir die Dinge von der ersten Position aus betrachten. Wenn Sie aktiv Ihre Empathie-Fähigkeiten verbessern, üben Sie die zweite Position aus. Wenn Sie die Beobachtung der Gesamtsituation üben, beherrschen Sie die dritte Position. Jetzt können Sie die dreifache Position einnehmen, indem Sie die Positionen gleichzeitig benutzen, was letztlich am hilfreichsten bei der

Lösung von Konflikten ist. Diese Fertigkeiten können vor, während und nach einem Konflikt eingesetzt werden.

Bei dieser Perspektive geht es darum, Ihre Selbstwahrnehmung, Ihre sozialen Fähigkeiten, Ihre Führungsqualitäten und Ihr Wahrnehmungsvermögen zu nutzen, um eine Situation vollständig zu verstehen und sie ganz neu zu definieren. Der Gebrauch der dreifachen Position fördert den Erfolg beim Konfliktmanagement. Wenn Sie den Rest dieses Kapitels lesen, denken Sie an die Macht der Perspektive, die die Methode der Dreifach-Position bietet.

Was ist Überzeugung? Was ist Verhandlung?

Konfliktmanagement erfordert, dass wir lernen, wie wir die Meinung anderer durch Überzeugungen und Verhandlungen ändern können. Überzeugung und Verhandlung mögen zwar ähnlich erscheinen, unterscheiden sich aber deutlich voneinander. Im Grunde besteht der grundlegende Unterschied zwischen Überzeugung und Verhandlung darin, dass Überzeugung die Kunst ist, jemanden so zu informieren, dass er seine Meinung ändert und Ihren Standpunkt einnimmt. Verhandlungen sind jedoch eher wie ein Geschäft oder ein Handel, bis sich beide Personen auf einen endgültig vereinbarten Standpunkt einigen. Sowohl bei Überzeugungen als auch bei Verhandlungen ist es von grundlegender Bedeutung zu verstehen, was das Hauptinteresse aller beteiligten Parteien ist.

Überzeugung

Überzeugung ist die Fähigkeit, jemanden dazu zu bringen, etwas zu tun, indem man Fragen stellt, seinen Standpunkt darstellt oder mit der Absicht spricht, dass er eine andere Denkweise annimmt. Überzeugung ist eine Form der Kommunikation, die Information, Überredung, Unterhaltung und Erzählung umfasst. Es ist bekannt, dass Überredung eine manipulative Taktik sein kann, aber wenn sie mit der richtigen Motivation eingesetzt wird, müssen Überredungstechniken keine hinterhältige Absicht haben. Um überzeugend zu sein, müssen Sie zuerst Ihre Situation oder Ihre Argumentation erklären und dann alle Vorteile Ihres Standpunktes erläutern. Zu den Überzeugungstechniken gehören:

- Diskutieren.
- Informieren.
- Überzeugen.
- Beeinflussen.
- Gemeinsamkeiten finden.

Verhandlung

Verhandeln bedeutet, eine Einigung zwischen allen Parteien zu erreichen, was eine Strategie des Konfliktmanagements ist. Das Ergebnis einer Verhandlung ist in der Regel, dass keine Partei genau das bekommt, was sie verlangt hat, aber beide Parteien bekommen Teilaspekte von dem, was sie wollen. Dies geschieht, indem man sich gegenseitig darüber einigt, welche Zugeständnisse für beide Seiten möglich sind. Während einer Verhandlung sind Fairness, gegenseitiges Verständnis und Nutzen sowie die Aufrechterhaltung von Vertrauen und Nähe wesentliche Faktoren, die es zu berücksichtigen gilt. Die Verhandlung verwendet folgende Hilfsmittel:

- **Befragung:** Stellen Sie der anderen Partei Fragen, um ein Verständnis für die Fakten oder die Perspektive und Bedürfnisse der anderen Partei zu erhalten.
- **Sich erkundigen:** Finden Sie die Bedürfnisse aller Parteien heraus und erklären Sie sich diese gegenseitig. Nutzen Sie die Antworten auf die Fragen, um das Gespräch anzuregen.
- **Motivation:** Verstehen Sie, was die Parteien dazu motiviert, zu argumentieren oder auf ihren Standpunkt zu bestehen. Werden sie von Moral, monetären oder anderen spezifischen Aspekten angetrieben?

- **Prioritäten:** Was ist es, das jede Partei am meisten will, und was wird jede Partei aufgeben, um den Konflikt zu lösen?

Wie wählen Sie?

Bei der Frage, welche Taktik oder Technik man anwenden soll, wenn man versucht, die Meinung oder Perspektive einer Person zu ändern, muss man entscheiden, ob das Hauptziel ein Ergebnis ist, das allen Konfliktparteien zugutekommt. Die meisten Menschen werden Überzeugungsarbeit der Verhandlung vorziehen, weil ihr Hauptzweck darin besteht, jemanden zu überzeugen, ihren Standpunkt zu vertreten. Sie werden die Bedürfnisse der anderen Person möglicherweise nicht wirklich verstehen oder nicht einmal Wert darauf legen.

Andere Menschen werden sich für Verhandlungen entscheiden, wenn es darum geht, eine gemeinsame Basis zu finden. Die meisten Menschen greifen zur Taktik des Überzeugens, weil wir in erster Linie die Perspektive der ersten Position einnehmen, und es ist schwierig, mit jemandem zu verhandeln, wenn wir nur unsere eigenen Bedürfnisse berücksichtigen. Verhandlungen können nur möglich werden, wenn wir die zweite Position nutzen. Es ist jedoch nicht die Regel, dass man nur das eine oder das andere benutzt. Wenn Überzeugungsarbeit mit Verhandlung kombiniert wird, kann es sein, dass das Endergebnis besser ausfällt, als wenn man nur einen Ansatz wählt, um die Meinung eines anderen zu ändern.

Wie man einen Konflikt durch Überzeugung und Verhandlung löst

Dieser Abschnitt des Kapitels soll Ihnen helfen, Überzeugungs- und Verhandlungsstrategien zu identifizieren, damit Sie beides zur Lösung von Konflikten verwenden können. Wenn Sie sich darauf konzentrieren, überzeugend zu sein, müssen Sie Emotionen berücksichtigen und sich emotionale Intelligenz aneignen, um einen Einblick zu erhalten, wie Sie Ihre Zuhörer beeinflussen können. Wenn Sie sich auf Verhandlungen konzentrieren, müssen Sie Einfühlungsvermögen und die Körpersprache von jemandem berücksichtigen, bevor Sie Ihren Kompromiss vorschlagen.

Einsatz positiver Überzeugungstechniken beim Konfliktmanagement

Eine positive Einstellung zum Konflikt erhöht die Chance auf eine einvernehmliche Lösung. Es gibt viele positive Überzeugungstechniken, die Sie anwenden können. Fünf davon werden wir nachfolgend erörtern: positive Bestärkung, Respekt, Opportunismus, Anerkennung und Erfolg.

1. Positive Bestärkung

Die positive Bestärkung wird bei der Entwicklung von Kindern eingesetzt. Dabei werden schlechte oder herausfordernde Verhaltensweisen ignoriert und positive Verhaltensweisen bestärkt. Anstatt Wutausbrüche und Aggressivität zu beachten, loben Sie Ihr Kind bei jeder guten Sache, die es tut. Wenn ein Kind zum Beispiel ein hübsches Bild malt oder von sich aus bis zehn zählt, klatschen Sie und sagen: "Wow, gut gemacht". Wenn ein Kind jedoch einen Wutausbruch hat, ignorieren Sie es, anstatt es anzuschreien.

Positive Bestärkung als Überzeugungstechnik erfordert, dass Sie die Handlungen der anderen Person loben, um sie zu ermutigen, in einer für Sie günstigen Weise zu handeln. Wenn Sie einen potenziellen Konflikt vorhersehen, könnten Sie sich für die vorherige Rücksichtnahme bedanken, die Ihnen die Person entgegengebracht hat. Wenn Sie zum Beispiel versuchen, einen Freund zu überreden, Ihnen mit Ihrem Lastwagen zu helfen, könnten Sie damit beginnen, ihm noch einmal für das letzte Mal zu danken, als er Ihnen geholfen hat.

2. Respekt

Diese Strategie beinhaltet, dass man wirklich Rücksicht nimmt auf die Stärken oder die Leistungen der anderen Person. Man kann sie an ihre besten Eigenschaften erinnern, um ihr zu helfen, sich vorzustellen, wieder etwas Großzügiges oder Hilfreiches zu tun. Wenn Sie zeigen wollen, dass Sie jemanden respektieren und an ihn glauben, beweisen Sie dies, indem Sie erklären, warum. Verbildlichen Sie der Person, dass sie die einzige ist, die Ihnen wirklich helfen kann. Dies wird sie ermutigen, darüber nachzudenken, es zu tun.

3. Opportunismus

Suchen Sie nach Gelegenheiten, das zu bekommen, was Sie brauchen oder wollen, indem Sie die Gewohnheiten und Vorlieben der anderen Person kennen. Wenn Sie sich beispielsweise Geld leihen müssen und wissen, dass ein großzügiger Kollege gerne Kaffee trinkt, könnten Sie sich mit ihm in seinem bevorzugten Café treffen, mit ihm Kaffee trinken und ihn dann dazu überreden, Ihnen Geld zu leihen.

4. Anerkennung

Ähnlich wie bei den beiden vorherigen Strategien, bedeutet die Verwendung von Anerkennung als Überzeugungsmittel, die Leistungen von jemandem zu nutzen, um zu erreichen, was man will. In einem Konfliktszenario, wie einem Streit mit einem Mitarbeiter, der sich zu sehr in Ihr persönliches Leben einmischt, sollten Sie möglicherweise zuvor eine positive Situation schaffen, damit Sie sich wohlfühlen, mit ihm über das Thema zu sprechen. Sie könnten ihm sagen, wie sehr seine Fähigkeiten zum Erfolg eines kürzlich durchgeführten Projekts beigetragen haben. Dann könnten Sie ihm sagen, dass Ihnen die Arbeit mit ihm wirklich Spaß gemacht hat, Sie aber Ihr Privatleben lieber für sich behalten und nur über die Arbeit sprechen möchten.

5. Erfolg

Wenn Sie auf jemanden treffen, der einen Wettbewerbscharakter hat, dann können Sie dies auf positive Weise nutzen, um den Konflikt mit ihm zu lösen. Für die meisten konkurrierenden Menschen ist der Erfolg das Hauptziel in ihrem Leben. Sie können dem anderen erklären, auf welche Weise Sie erfolgreich sind und welchen Vorteil derjenige hätte, sich mit Ihnen abzustimmen. Das wird dazu beitragen, diese Person davon zu überzeugen, dass es besser wäre, mit Ihnen befreundet zu bleiben, als in einem Streit mit Ihnen zu verharren.

Diese Strategien mögen manipulativ erscheinen, aber bedenken Sie Ihre Absichten, die hinter der Überzeugungsarbeit stecken. Wenn Ihr Beweggrund darin besteht, die Hilfe zu erhalten, die Ihnen beiden zugutekommt, wird dies zu einem positiven Ergebnis führen. Sind Ihre Absichten dagegen egoistisch, werden Sie als nicht authentisch angesehen und wahrscheinlich wenig Erfolg bei der Lösung des Konfliktes haben. Denken Sie immer an die Bedürfnisse der anderen Person, bevor Sie Überzeugungs- und Verhandlungstaktiken anwenden.

Einsatz von Verhandlungstechniken beim Konfliktmanagement

Verhandlungstechniken sind einfacher als Überzeugungstechniken, weil es leichter ist, Kompromisse einzugehen, als jemanden völlig auf Ihre Seite zu bringen. Die Kunst, einen Mittelweg zu finden, Kompromisse zu schließen und gegenseitigen Nutzen zu erzielen, steht im Mittelpunkt der Verhandlung. Überzeugungsarbeit kann im Gespräch vor einer Verhandlung stattfinden, oder man kann direkt mit der Verhandlung beginnen. Wenn Sie sich direkt in die Verhandlung stürzen, könnte es so aussehen, als seien Sie aggressiv und würden das Gespräch nur in Erwägung ziehen, um etwas zu erreichen. Wenn Sie andererseits erklären, wie Sie den Konflikt wahrnehmen und fragen, ob Sie eine Lösung in Form eines Kompromisses ausdiskutieren wollen, haben Sie eine größere Wahrscheinlichkeit, dass Ihre Verhandlung Erfolg hat. Drei effektive Verhandlungstaktiken sind:

1. Berücksichtigen Sie die Interessen und Werte jeder Partei

Wenn Sie einen Konflikt mit dieser Taktik lösen, stellen Sie sicher, dass Sie Ihre eigenen Überzeugungen von denen der anderen Partei trennen. Identifizieren Sie die Werte der anderen Person, damit Sie die Probleme um diese herum lösen können. Die gegnerische Partei wird Ihnen mehr vertrauen, wenn Sie ihr zunächst mitteilen, dass Sie ihren Standpunkt gehört und ihre Werte berücksichtigt haben. Machen Sie deutlich, dass Sie nicht versuchen, ihr das, was ihr wichtig ist, wegzunehmen, nur weil Sie sich im Konflikt befinden. Legen Sie alles andere beiseite und konzentrieren Sie sich auf das bestehende Problem.

2. Entwickeln Sie Ihre verbale und nonverbale Kommunikationsstrategie, bevor Sie sich an die andere Partei wenden

Üben Sie, was Sie sagen wollen und wie Sie sich präsentieren, bevor Sie sich auf die andere Partei einlassen. Dies trägt wesentlich zur Lösung eines Konfliktes bei und wird Ihnen helfen, Ihre Botschaft selbstbewusst zu vermitteln und Sie gegenüber den Reaktionen der anderen Person widerstandsfähiger zu machen. Sie müssen nicht jedes Wort und jedes Argument, das Sie verwenden wollen, auswendig lernen. Machen Sie eine Liste mit Stichpunkten und üben Sie auf verschiedene Art und Weise, wie Sie es sagen wollen, wobei Sie sich die Zeit nehmen sollten, zu überlegen, wie jedes Wort klingt und wie es von der anderen Person interpretiert werden könnte. Probieren Sie während des Übens auch verschiedene Arten des Stehens oder Sitzens aus, während Sie die Informationen vermitteln. Achten Sie darauf, dass Ihre Körperhaltung und Ihre Handgesten ruhig und nicht bedrohlich sind.

3. Überlegen Sie, welche Gemeinsamkeiten Sie haben und geben Sie diese Informationen weiter

Verhandeln ist wie ein Geschäft abschließen. Es geht darum, zu handeln und auf dem aufzubauen, was beide Konfliktparteien interessiert. Beide Parteien sollten etwas von dem bekommen, was sie wollen, und dem anderen etwas abgeben. Wenn Sie und Ihre Schwester zum Beispiel zufälligerweise das gleiche Kleidungsstück gekauft haben, weil es Ihnen gleich gut gefällt, kann es zu einem Konflikt kommen, wenn Ihre Schwester möchte, dass Sie Ihres zurückgeben. Sie argumentiert, dass sie nicht mit dem gleichen Kleidungsstück wie dem Ihren gesehen werden will, vor allem nicht zur gleichen Zeit. Sie könnten damit beginnen, diesen Konflikt zu lösen, indem Sie Ihrer Schwester sagen, dass Sie beide einen guten Geschmack haben. Dann könnten Sie vorschlagen, dass Sie das Kleidungsstück an jenen Tagen, an denen Sie sich gegenseitig sehen werden, nicht tragen und dass Sie z. B. an Feiertagen oder Wochenenden, wenn Sie beide anwesend sind, beide ein anderes Outfit wählen. Auf diese Weise können Sie beide das Kleidungsstück behalten, und keiner von Ihnen wird gesehen, wie Sie es zur gleichen Zeit tragen. Zählen Sie Möglichkeiten auf, wie Sie beide das Kleidungsstück genießen können und konzentrieren Sie sich auf die Situation, wenn Sie gleichzeitig gesehen werden, anstatt darauf zu bestehen, dass nur eine Person das Kleidungsstück behalten darf.

Während eines Konfliktes oder einer Auseinandersetzung gibt es Unterschiede in der Persönlichkeit, den Werten und den Meinungen, die das Ergebnis beeinflussen können. Es kann sein, dass die Grenzen aufgrund von etwas, das gesagt wurde, überschritten wurden. Wenn Sie diese Bedenken mit der anderen Partei besprechen, erhalten Sie einen Einblick in die Unterschiede Ihrer Meinungen, sodass Sie Wege zur Umgehung dieser Unterschiede aushandeln können. Sie und Ihr Vorgesetzter sind beispielsweise der Meinung, dass das Management anders gehandhabt werden sollte. Sie denken, dass es mehr Unterstützung für die Mitarbeiter geben sollte, aber Ihr Chef ist der Meinung, dass es mehr kundenorientierte Unterstützung geben sollte. Der Konflikt besteht darin, dass persönliche Meinungsverschiedenheiten darin bestehen, was Vorrang haben sollte. Zur Lösung dieses Konfliktes könnte es gehören, herauszufinden, warum Sie anders denken und einen Einblick in beide Aspekte der Angelegenheit zu erhalten. Vielleicht könnten Sie für beide Aspekte Verbesserungen aushandeln. Bei erfolgreichen Verhandlungen geht es darum, gemeinsam an der Lösung von Konflikten zu arbeiten, sodass beide Seiten gewinnen und der Konflikt endet. Manchmal müssen Sie Ihre Differenzen wirklich verstehen, damit Sie eine gemeinsame Basis finden können.

Zusammenfassung des Kapitels

Die Meinung anderer und Ihrer selbst zu ändern, bedeutet, die gesamte Situation zu betrachten, einen Strategieplan zu entwerfen und sie mit Überzeugungs- und Verhandlungsstrategien zu lösen. In diesem Kapitel haben Sie gelernt, die Perspektive der Dreifach-Position anzuwenden und Verhandlungen und Überzeugungsarbeit als Konfliktlösungstechnik einzusetzen. Lassen Sie uns rekapitulieren, was Sie in diesem Kapitel erfahren haben. In diesem Kapitel haben Sie gelernt:

- Die dreifache Position.
- Was Überzeugungsarbeit ist.
- Was Verhandlung ist.
- Wie man überzeugt.
- Wie man verhandelt.
- Wie man einen Konflikt durch die Kombination von Überzeugungsarbeit und Verhandlungen löst.

Im nächsten Kapitel erfahren Sie, wie Sie Ihre emotionale Intelligenz entwickeln können. Dies wird Ihnen helfen, erfolgreich zu sein und Konflikte wie eine große Führungskraft zu lösen.

KAPITEL 7:

Konfliktmanagement-Technik 05 - Emotionale Intelligenz entwickeln, damit Sie Konflikte wie eine Führungskraft lösen können

Viele große Führungskräfte haben Erfolg, weil sie Meister im Umgang mit Konflikten und deren Lösungen sind. Wie erreichen sie dies? Sie haben ihre emotionale und soziale Intelligenz entwickelt, damit sie in der Lage sind, alle auftretenden Probleme zu lösen. Sie können lernen, Konflikte wie eine Führungskraft zu lösen. Was macht eine große und erfolgreiche Führungspersönlichkeit aus? Wie trägt die emotionale Intelligenz zum Erfolg bei? Hier sind einige Merkmale großer Führungskräfte:

- Führungspersönlichkeiten arbeiten an den Bedürfnissen der Gruppe und stellen gewöhnlich andere vor sich selbst.
- Führungspersönlichkeiten sind durchsetzungsfähig, aber nicht aggressiv.
- Führungspersönlichkeiten sind großartige Gesprächspartner und Redner.
- Führungspersönlichkeiten lernen die Menschen in ihrer Umgebung kennen.
- Führungspersönlichkeiten sind ehrlich, aber taktvoll.
- Führungspersönlichkeiten wissen, wie sie die Menschen in ihrer Umgebung beeinflussen können.

Man muss keine große Führungspersönlichkeit sein, um emotionale Intelligenz erfolgreich zu entwickeln. Jeder kann diese Fähigkeit erlernen und anwenden. Was genau ist also emotionale

Intelligenz? Es ist die Fähigkeit, die eigenen Emotionen zu kontrollieren und zu regulieren, während man die Emotionen anderer versteht und einfühlsam damit umgeht. Jeder kann die Fähigkeiten erlernen, die man braucht, um emotional intelligent zu sein. Aber nicht jeder kann seine Fähigkeiten einsetzen, wenn intensive Emotionen involviert sind. Große Führungspersönlichkeiten haben diese Fähigkeit, weil sie ihren Verstand trainiert haben, auch während eines Konfliktes emotional stabil zu sein. Das erlaubt ihnen, große Menschenmengen und Gruppen von Menschen mit Selbstvertrauen und Selbstsicherheit zu führen. Eine der wichtigsten Fähigkeiten, die für die emotionale Intelligenz erforderlich ist, ist die Selbstmotivation. Das bedeutet, dass Sie nicht motiviert sind, weil es um Reichtum oder Macht geht, sondern weil Sie sich persönlich weiterentwickeln wollen. Es kann auch bedeuten, dass Sie in der Lage sind, Dinge von anderen zu erreichen, ohne Druck auszuüben. Lassen Sie uns vier Hauptfähigkeiten besprechen, die mit emotionaler Intelligenz zu tun haben. Wenn Sie diese effektiv zusammen einsetzen, können Sie mit Zuversicht sagen, dass Ihre emotionale Intelligenz hoch ist. Die vier Fertigkeiten sind:

1. Selbstmotivation.
2. Selbstregulierung.
3. Selbstbewusstsein.
4. Empathie.

Einige Menschen haben diese Fähigkeiten in einem höheren Maß entwickelt als andere. Andere Menschen haben nur wenige oder vielleicht gar keine dieser Fähigkeiten. Wenn Sie jedoch nicht über all diese Fähigkeiten verfügen oder noch an ihnen arbeiten, wird Ihnen dieses Kapitel helfen. Jede Führungskraft ist auf ihre eigene Weise anders, aber was sie alle gemeinsam haben, ist, dass sie wissen, dass Konfliktmanagement Teamarbeit, Selbstreflexion, Verhandlungen und Respekt erfordert. Die effektivsten Führungskräfte verfügen auch über eine hohe emotionale Intelligenz. Durch das Erlernen der verschiedenen Fähigkeiten, die zu einer hohen emotionalen Intelligenz führen, erlernen Sie Führungsqualitäten, die Ihnen die Fähigkeit geben, Konflikte zu lösen. Da wir in Kapitel fünf bereits etwas über Selbstbewusstsein gelernt haben, werden wir uns nun auf Selbstmotivation, Selbstregulierung und Empathie konzentrieren.

Wie man sich selbst motiviert

Selbstmotivation ist die Fähigkeit, die Initiative zu ergreifen und danach zu streben, etwas zu tun, ohne von jemand anderem gefragt oder unter Druck gesetzt zu werden. Es ist die Fähigkeit, etwas zu sehen und danach zu streben, sein Ziel zu verwirklichen und nur von sich selbst oder dem Traum vom erfolgreichen Ausgang angetrieben und motiviert zu werden. Manche Menschen interpretieren dies vielleicht als den Gedanken, sie seien motiviert, Geld zu verdienen und erfolgreich zu sein, aber darum geht es bei der Selbstmotivation in Wirklichkeit nicht. Eine wirklich emotional intelligente Person motiviert sich selbst, ohne über Geld, Macht, Lob oder Anerkennung nachzudenken, weil sie das nicht braucht, um ihr Verlangen nach dem, was sie will, zu sättigen. Wenn es um Konfliktmanagement und Selbstmotivation geht, muss man einen Konflikt wirklich lösen wollen und keine Angst haben, das schwierige Thema anzusprechen. Seien Sie proaktiv und zögern Sie nicht. Nutzen Sie Ihre Tatkraft und Ihren Ehrgeiz, um während des Konfliktes durchzuhalten. Hier sind einige Möglichkeiten, wie Sie Ihre emotionale Intelligenz aufbauen können:

Umgeben Sie sich mit positiven Menschen und einem positiven Umfeld

Jeder weiß, dass negatives Verhalten nur noch mehr Negativität in Ihr Leben zieht. Wenn Sie sich mit positiven Menschen oder hochmotivierten Gleichgesinnten umgeben, wird Ihre Selbstmotivation deutlich zunehmen und Ihre Perspektive wird positiver und hoffnungsvoller sein. Der größte Unterschied zwischen einem negativen und einem positiven Menschen besteht darin, dass ein positiver Mensch mit Lösungen kommt und nicht nur auf die Probleme hinweist, während ein negativer Mensch nur Ausreden findet, um Probleme nicht zu lösen und sich auf die negativen Aspekte des Themas konzentriert. Ein positiver Mensch wird in jeder schlechten Situation das Gute sehen, während ein pessimistischer Mensch immer das Negative sieht.

Überdenken Sie nicht zu viel

Die meisten Menschen, die alles überdenken sind die, die zu sehr auf ihre innere Kritik hören oder Perfektionisten sind. Wenn man an etwas arbeitet, über das man nachdenken muss, analysiert man instinktiv jeden Aspekt davon, wenn man seine Erwartungen zu hoch steckt. Nicht alles muss perfekt sein. Bitten Sie um Feedback, aber seien Sie nicht besessen davon. Fakt ist, dass Perfektionisten oft daran scheitern, dass sie sich zu sehr um Exzellenz bemühen, anstatt einfach nur etwas auf einem akzeptablen Qualitätsniveau zu erreichen. Ein Projektergebnis kann zum Beispiel perfekt sein, aber es hat zu viel Zeit in Anspruch genommen, den Rahmen gesprengt und das Budget überschritten.

Verfolgen Sie Ihren Erfolg

Im Laufe unseres Lebens erreichen wir Großes, aber es wird nur selten anerkannt oder belohnt, weil wir von anderen nicht bemerkt werden. Ein Mensch, der sich selbst motiviert, erkennt diese Leistungen jedoch an und belohnt sich selbst, wenn er eine Aufgabe erfüllt, an der er gearbeitet hat. Im Laufe der Zeit werden Sie mehr und mehr Belohnungen und Erfolge erleben, fügen Sie diese also Ihrer Erfolgsbilanz hinzu. Ein Jahr später können Sie auf das zurückblicken, was Sie erreicht haben, und das wird Sie zusätzlich motivieren, weiterzumachen.

Seien Sie behilflich

Die Wissenschaft sagt, das Beste, was Sie tun können, um Ihre Stimmung zu heben, ist anderen zu helfen. Unabhängig davon, ob sie reicher oder ärmer sind als Sie, wenn Sie jemandem helfen, werden Glückshormone in Ihrem Gehirn ausgeschüttet, was Sie motiviert. Wenn zum Beispiel jemand zu Ihnen kommt und traurig ist oder die Luft rauslassen will, werden Sie ihn natürlich aufmuntern wollen. Wenn Sie diese Person durch motivierende und positive Worte aufmuntern, werden Sie sich selbst auch besser fühlen. Diese positive Energie führt zu mehr Selbstmotivation, um Ihren Weg zum Erfolg fortzusetzen.

Um emotionale Intelligenz zu erlangen, müssen Sie sich selbst motivieren und nach positiven Ergebnissen streben. Sie brauchen die Motivation, um auf dem Weg zu bleiben und gesunde Gewohnheiten aufzubauen, sodass Ihnen die Aneignung der Aspekte der emotionalen Intelligenz, wie Selbstregulierung und Empathie, leichter fallen.

Wie Selbstregulierung Konflikte verringert und wie man sie entwickelt

Denken Sie bei Selbstregulierung an Selbstkontrolle. Es ist die Fähigkeit, Ihre Emotionen zu verarbeiten und sie in Konfliktsituationen zu beruhigen. Es ist ein weiterer Aspekt im Umgang mit Ihren Emotionen. Selbstregulation erfordert zunächst einmal Selbstbewusstsein. Selbstbewusstsein ermöglicht es Ihnen, zu erkennen, wenn Sie wütend oder enttäuscht sind.

Die Selbstregulierung gibt Ihnen die Möglichkeit, sich zu beruhigen, bevor Sie einen Konflikt eskalieren lassen. Der Aufbau Ihrer Selbstregulierungsfähigkeiten steigert Ihre emotionale Intelligenz und hilft Ihnen, rationale Entscheidungen zu treffen, was beim Konfliktmanagement von wesentlicher Bedeutung ist.

In Kapitel fünf haben Sie etwas über Selbstbewusstsein und die Auslöser Ihrer Emotionen gelernt. Wenn Sie wissen, wodurch sie ausgelöst werden und was Sie stört, können Sie Ihre Emotionen und deren Einfluss auf einen Konflikt mithilfe der Selbstregulation effektiver steuern. Wenn Sie Selbstregulation erlernen, können Sie:

- Ihre emotionalen Reaktionen verzögern.
- Effiziente Wege entwickeln, um sich selbst zu beruhigen.

- Ihre Gedanken reflektieren.
- Die Emotionen anderer verstehen.
- Gelassenheit gewinnen.

Einige selbstregulierende Strategien sind:

Seien Sie offen für Veränderungen

Engstirnige Menschen sind so sehr in ihrer eigenen Welt, dass sie nicht bereit sind, die Meinung anderer Menschen wertzuschätzen. Wenn man aufgeschlossen ist, kann man Veränderungen und Abwechslung in seinem Leben leichter bewältigen, als wenn man engstirnig ist. Jemand, der sich gut selbst reguliert, ist zum Beispiel offen für Spontaneität und widerstandsfähig gegen Veränderungen, wenn es sein muss. Wenn Sie zum Beispiel in Ihrem Job zurückgestuft wurden, könnten Ihre verstärkten Emotionen zu Konfrontationen mit Ihrem Chef führen. Dieser Mangel an Selbstregulierung könnte die Situation noch weiter eskalieren lassen und möglicherweise dazu führen, dass Sie Ihren Job ganz verlieren.

Üben Sie Selbstdisziplin

Selbstdisziplin ist, wenn Sie Ablenkungen vermeiden und eine Arbeit oder Aufgabe allein erledigen können, ohne dass Sie jemand anderer dazu drängt. Es bedeutet, dass Sie Ihre Schwächen definieren und an ihnen arbeiten können, sie zu verbessern, ohne sie als Hindernis oder Wegweiser für Ihren Erfolg zu sehen. Beharrlichkeit und Kontrolle sind die Grundlagen für die Selbstregulierung Ihrer Emotionen und die Überwindung Ihrer Schwächen. Menschen, die selbstdiszipliniert sind, verfügen über eine höhere emotionale Intelligenz und sind stärker darauf konzentriert, wie sie das, was sie im Leben brauchen, erreichen können. Das fördert die Chancen auf eine Konfliktlösung, weil Selbstdisziplin hilft, die Aufmerksamkeit auf das zu richten, was wirklich wichtig ist.

Sprechen Sie mit Ihrer inneren Kritik

Ein Teil der Selbstregulierung ist die Fähigkeit, der inneren Kritik zu antworten und seine negativen Gedanken neu zu formulieren. Wenn Ihnen zum Beispiel jemand sagt, dass Sie nicht besonders kreativ sind oder dass Sie schlechte Kommunikationsfähigkeiten haben, beginnen Sie vielleicht, daran zu glauben. Wenn Sie sich jedoch darin üben, diesen Glauben nicht überhandnehmen zu lassen, können Sie Ihre Gefühle über sich selbst und andere regulieren. Letztlich werden Sie die negativen Dinge nicht mehr belasten, die andere Leute und die Sie sich selbst sagen, und Sie werden ihnen mit positiven Argumenten begegnen können. Sie können dies üben, indem Sie jeden Morgen positive Mantras zu sich selbst sagen und sich den Erfolg vergegenwärtigen.

Atmen Sie unter Druck

Die Selbstregulierung setzt voraus, dass man in einer Umgebung mit hohem Druck ruhig bleiben kann. Wenn Sie zum Beispiel in einem schnelllebigen Unternehmen arbeiten, werden Sie sich unter Druck gesetzt fühlen, Ihr Bestes zu geben und schnell zu handeln. Bei der Selbstregulierung geht es darum, Ihre Selbstwahrnehmung so zu steuern, dass Sie vor anderen Menschen die Ruhe bewahren können. Eine effektive Atmung ermöglicht es uns, jeder Situation mit Ruhe und Gelassenheit zu begegnen. Wir haben in den vorangegangenen Kapiteln über die Atmung gesprochen und gelernt, dass eine tiefe, regelmäßige Atmung beruhigend wirkt und uns hilft, uns zu konzentrieren. Üben Sie dies, indem Sie Atemtechniken und andere Entspannungsmethoden, wie Meditation, anwenden, wenn Sie sich unter Druck gesetzt fühlen.

Identifizieren Sie das Ergebnis

Wenn Sie rational darüber nachdenken können, wie das Ergebnis Ihrer Handlungen während eines Konfliktes aussehen wird, können Sie die Fähigkeit zur Selbstregulierung Ihrer Emotionen und Verhaltensweisen weiterentwickeln. Da die Selbstregulierung darauf beruht, dass Sie sich selbst und die Auslöser, die Sie verärgern, kennen, können nur Sie den richtigen Ansatz zur Lösung von Konflikten wählen. Denken Sie nach, bevor Sie handeln, und bedenken Sie die Konsequenzen Ihrer Handlungen. Selbstregulierung erfordert, dass Sie die Verantwortung für Ihren Beitrag zu einem Problem übernehmen und Wege finden, um es effizient zu lösen. Dies erfordert ein Bewusstsein dafür, was das optimale Ergebnis der Situation ist.

Wie Empathie einen Konflikt lösen kann

Einfühlungsvermögen ist die Grundlage der emotionalen Intelligenz. Bei der emotionalen Intelligenz geht es darum, die eigenen Gefühle zu verstehen und gleichzeitig die Gefühle anderer zu erkennen. Einfühlungsvermögen ist die Fähigkeit, sich in die Lage anderer Menschen zu versetzen und ihre Seite der Dinge zu sehen. Hochgradig einfühlsame Menschen fühlen den Schmerz der anderen um sie herum. Wenn zum Beispiel Ihr Freund traurig ist, sind Sie es auch. Wenn Ihr Familienmitglied wütend ist, spüren Sie möglicherweise, dass Sie einen Teil der Wut "abbekommen". Was hat also Einfühlungsvermögen mit Konfliktmanagement zu tun?

Während sich einige Menschen der Emotionen anderer bewusst sind, können manche Menschen nicht einfühlsam sein. Konfliktmanagement erfordert, dass man den Standpunkt von jemandem sieht, um das Problem wirksam lösen zu können. Wie können wir also lernen, empathischer zu sein?

Gehen Sie an Ihre Grenzen

Wenn wir unbequeme oder ungewohnte Dinge tun, lernen wir, uns persönlich weiterzuentwickeln, uns an Veränderungen anzupassen und mit jedem Konflikt umzugehen, der auf uns zukommt. Indem Sie etwas Neues lernen, wie z. B. ein Musikinstrument zu spielen oder ein Bild zu malen, oder indem Sie etwas Anstrengendes tun, wie z. B. Sport zu treiben oder auch indem Sie neue Leute kennenlernen, werden Sie entspannter, bescheidener und geschickter. Bescheidenheit ist ein entscheidender Faktor für die Entwicklung von Einfühlungsvermögen. Gehen Sie an Ihre Grenzen, damit Sie als Person wachsen können.

Bitten Sie um konstruktive Kritik

Zum Einfühlungsvermögen gehört auch zu verstehen, wie andere Sie und Ihre Schwächen sehen, damit Sie zum Nutzen anderer daran arbeiten können. Besuchen Sie Ihre engsten Freunde oder Menschen, die Ihr wahres Ich kennen, und fragen Sie sie, wie Sie auf Konflikte oder Beziehungsprobleme reagieren. Wenn Ihnen jemand sagt, dass Sie gut helfen, aber schlecht zuhören können, dann wissen Sie, dass Sie an Ihren Fähigkeiten des Zuhörens arbeiten müssen.

Melden Sie sich öfter bei anderen

Das Gegenteil von Einfühlungsvermögen ist, nur den eigenen Nutzen in Dingen zu sehen, was zeigt, dass man egoistisch oder egozentrisch ist. Um diese Gewohnheit zu brechen, immer nur über sich selbst sprechen zu wollen oder Dinge zu tun, die nur Ihnen helfen, sollten Sie sich bewusst bemühen, sich bei den Menschen, die Ihnen wichtig sind, zu melden. Anstatt jemanden um Hilfe zu bitten, rufen Sie jemanden an, um zu sehen, ob er Ihre Hilfe brauchen könnte. Anstatt jemanden zu bitten, sich mit Ihnen zu treffen, in der Absicht, eine Gegenleistung zu bekommen, rufen Sie an und fragen Sie, ob Sie ihn zum Mittagessen oder Kaffee einladen können, nur weil Sie hören wollen, was es Neues in seinem Leben gibt.

Sehen Sie den Standpunkt eines anderen

Auch wenn es für manche Menschen eine Herausforderung ist, die Perspektive eines anderen zu sehen, erhöht die bewusste Entscheidung, wirklich auf den Standpunkt eines anderen zu hören, Ihr Einfühlungsvermögen. Wenn Sie sich auf ein Gespräch einlassen, hören Sie wirklich auf das, was die andere Person Ihnen erzählt, und denken Sie darüber nach, wie Sie sich fühlen würden, was Sie denken würden und was Sie tun würden, wenn Sie in der Situation der anderen Person wären.

Hören Sie auf zu urteilen

Verurteilen Sie nicht. Nur weil Sie etwas nicht tun würden, was jemand anderes tut, heißt das nicht, dass Sie klüger sind als er. Jeder hat seine eigenen Gründe dafür, warum er tut, was er tut. Urteilen ist das Gegenteil von Empathie und sollte nicht Teil der Gedanken sein, wenn man sich darin übt, empathischer zu sein, und wenn man versucht, Konflikte zu lösen.

Stellen Sie einfühlsame Fragen

Zeigen Sie im Gespräch, dass Sie mehr wissen wollen und dass Sie sich für die Seite Ihres Gegenübers interessieren, indem Sie Fragen zum Thema stellen. Sie wissen zum Beispiel nichts über die Ausbildung von Hunden, aber jemand anderes prahlt über seine beruflichen Fertigkeiten, wie ein schlecht erzogener Hund zu trainieren ist. Wenn Sie aufgrund Ihrer Abneigung gegen Hunde, Ihres Desinteresses an seiner Tätigkeit oder anderer persönlicher Ansichten keine Beziehung zu ihm aufbauen können, könnten Sie beginnen, Fragen zu stellen. Einige einfühlsame Fragen könnten z. B. sein: "Wie haben Sie sich gefühlt, als der Hund auf Sie gesprungen ist? Warum haben Sie diesen Beruf gewählt, wenn er so schwierig ist? Was ist der schlimmste Tag, den Sie je hatten, und wie sind Sie damit umgegangen? Welche Teile des Jobs machen Ihnen am meisten Spaß?" Wenn Sie mehr darüber erfahren, was eine andere Person fühlt und erlebt, können Sie beginnen, sich mehr auf deren Situation zu beziehen.

Sie werden Einfühlungsvermögen entwickeln, indem Sie diese Fähigkeiten in die Praxis umsetzen und dadurch persönliches Wachstum erfahren. Empathie ist nicht nur ein Zeichen hoher emotionaler Intelligenz, sondern auch einer der wichtigsten Zeichen einer einflussreichen Führungspersönlichkeit. Einfühlungsvermögen kann Ihnen helfen, in vielen Aspekten Ihres Lebens voranzukommen, weil es Ihnen hilft, auf einer höheren Ebene mit anderen in Beziehung zu treten. Wenn wir wirklich mit anderen eine Beziehung eingehen, ist es weniger wahrscheinlich, dass wir mit ihnen in Konflikt geraten.

Zusammenfassung des Kapitels

Die Entwicklung der vier Aspekte der emotionalen Intelligenz, die wir diskutiert haben, können sich sehr positiv auf die Lösung von Konflikten auswirken. Eine hohe emotionale Intelligenz bedeutet, dass Sie sich mit der Situation auseinandersetzen, sie aus der Sicht eines anderen sehen, sich in andere hineinfühlen und Ihre eigenen Emotionen so regulieren können, dass der Konflikt nicht weiter als nötig eskaliert.

In diesem Kapitel haben Sie gelernt:

- Was emotionale Intelligenz ist.
- Wie Sie Ihre emotionale Intelligenz erhöhen können.
- Was Selbstmotivation ist und warum sie wichtig ist.
- Was Selbstregulierung ist und wie man sie beim Konfliktmanagement einsetzt.
- Was Empathie ist und wie man sie zur Lösung eines Konfliktes einsetzt.

Im nächsten Kapitel erfahren Sie, wie Sie mit einem Konflikt Frieden schließen können, auch wenn der Konflikt nicht gelöst werden kann. Sie werden die konstruktive Gegenüberstellung verstehen und erfahren, wie sie sich auf die vielen Aspekte beim Schließen von Frieden mit streitlustigen und engstirnigen Menschen bezieht.

KAPITEL 8:

Konfliktmanagement-Technik 06 - Die Strategie des Friedens

In diesem Kapitel lernen Sie die Strategie des Friedens kennen. Schließlich ist das Ziel des Konfliktmanagements ein friedlicher Abschluss. Eine Lösung, bei der alle Parteien ein gerechtes Ergebnis erhalten und ein tieferes Verständnis füreinander entwickeln, ist das, was wir anstreben. Unabhängig davon, welche Strategien angewandt werden oder wie erfolgreich sie sind, besteht das Ziel letztlich in der Beendigung des Konfliktes. Um während oder nach eines Konfliktes Frieden zu schaffen, müssen Sie positive Lösungen, die auf gegenseitigem Verständnis beruhen, effektiv einsetzen. Wenn Sie sich um einen friedlichen Ausgang Ihrer Konflikte bemühen, gibt es viele Hilfsmittel, mit denen Sie Möglichkeiten zur Lösung schaffen können. Diese Hilfsmittel basieren auf konstruktiver Gegenüberstellung, der Erkenntnis, dass man nicht immer recht haben muss, und darauf, dass man weiß, wann man sich würdevoll zurückziehen muss.

Konstruktive Gegenüberstellung

Nähern Sie sich der Konfliktsituation, indem Sie eine konstruktive Gegenüberstellung schaffen. Eine konstruktive Gegenüberstellung findet statt, wenn Sie mit der anderen Partei kommunizieren können und erkennen, dass es einen Konflikt gibt und ihn lösen wollen. Nähern Sie sich der anderen Partei mit Aufrichtigkeit in Ihren Worten und Ihrem Herzen. Verwenden Sie eine Körpersprache, die nicht bedrohlich wirkt. Beginnen Sie damit, Verantwortung für Ihren Beitrag zum Konflikt zu übernehmen. Seien Sie sich darüber im Klaren, dass Sie die Perspektive der anderen Partei verstehen, zu einer gegenseitigen Vereinbarung kommen und Frieden schließen wollen. Hier sind einige Hilfsmittel, die Sie vor und während einer konstruktiven Gegenüberstellung einsetzen können:

Beobachten Sie die Situation

Wie Sie in Kapitel sechs gelernt haben, geht die dreifache Position einen Schritt zurück und betrachtet den Konflikt als Ganzes, wobei die Bedürfnisse der einzelnen Parteien immer noch berücksichtigt werden. Treten Sie einen Schritt zurück und betrachten Sie jeden Aspekt des Konfliktes. Was ist die Wurzel des Konfliktes? Was trägt zur Eskalation des Konfliktes bei? Wie ist der Standpunkt der einzelnen Parteien? Gibt es eine gemeinsame Grundlage? Ist dies ein sicherer, angemessener Raum für die konstruktive Gegenüberstellung? Gibt es genug Zeit für ein gutes Gespräch? Ist die andere Partei argumentativ, verärgert oder feindselig? Welche Art von Körpersprache wird von den Parteien verwendet? Spiegeln sie Ihre Körpersprache wider? Drücken sie eine Körpersprache aus, die verschlossen oder wütend ist? Wie fühlt sich die Stimmung im Raum an?

Setzen Sie Ihre emotionale Intelligenz und Ihre Beobachtungsgabe ein, um Informationen zu sammeln, die Ihnen bei der Entwicklung einer Strategie für die Situation helfen können. Regulieren Sie Ihre Emotionen und seien Sie objektiv, damit Sie ruhig vorgehen können. Im Umgang mit Konflikten ist es immer am besten, von Angesicht zu Angesicht zu sprechen, damit Sie die Situation vollständig beobachten können.

Identifizieren Sie alle Ihre Optionen

Um alle Ihre Optionen zu ermitteln, verwenden Sie die Informationen, die Sie bei der Beobachtung der Situation gesammelt haben. Berücksichtigen Sie objektiv verschiedene Ansätze für die konstruktive Gegenüberstellung. Gehen Sie verschiedene Szenarien in Ihrem Kopf durch. Verwenden Sie das, was Sie über die Situation, die Themen und die andere Partei wissen, um sich vorzustellen, was passieren würde, wenn Sie einen Ansatz verwenden würden, und stellen Sie sich dann vor, was passieren würde, wenn Sie einen anderen Ansatz verwenden würden. Auf welche Worte werden sie am ehesten hören? Müssen Sie Anpassungen oder Abgleichungen vornehmen, um die Chance auf ein erfolgreiches Ergebnis zu erhöhen? Sollten Sie sitzen oder stehen? Sollten Sie allein sein oder an einem öffentlichen Ort? Denken Sie darüber nach, wie die möglichen Ergebnisse für jedes mögliche Szenario aussehen könnten, das Ihnen einfällt. Denken Sie zum Beispiel an folgende Szenarien. Wenn Sie stehen und Ihr Gegenüber sitzt und Sie sagen: "Ich glaube, Sie irren sich in einer Sache, und ich möchte darüber sprechen", wird es wahrscheinlich nicht gut ausgehen. Es besteht die Möglichkeit, dass sich die Person eingeschüchtert fühlt und "okay" sagt, sodass Sie mit dem Gespräch, welches auf Sie konzentriert ist, beginnen können. Es besteht eine größere Wahrscheinlichkeit, dass die Person das Gefühl hat, dass Sie überheblich sind, ihr die Schuld für etwas geben und sie sich aufregt oder wütend wird. Wenn Sie jedoch damit beginnen, dass Sie beide sitzen und sagen: "Ich glaube, wir hatten ein Missverständnis und ich möchte darüber sprechen", besteht eine gute Chance, dass die Person für das Gespräch empfänglich und daran interessiert ist, das Missverständnis zu klären. Die Identifizierung Ihrer Optionen gibt Ihnen die Möglichkeit, die bestmögliche Lösung zu wählen. Betrachten Sie die verschiedenen Möglichkeiten, die Sie haben. Ordnen Sie sie als Plan A, B und C ein, nur für den Fall, dass die Person nicht in der von Ihnen erwarteten Weise reagiert und Sie einen anderen Ansatz ausprobieren müssen.

Bestätigen Sie, dass Sie den Standpunkt Ihres Gegenübers verstanden haben

Manchmal ist es zur Lösung von Konflikten am besten, wenn man sich über die Standpunkte aller Beteiligten und deren Ähnlichkeiten oder Unterschiede klar wird. Das Wichtigste beim Schaffen des Friedens ist das gegenseitige Verständnis. Lassen Sie die andere Partei wissen, dass Sie erkennen, dass es ein Problem gibt und Sie ihren Standpunkt verstehen wollen. Bitten Sie sie, ihre

Sichtweise des Konfliktes zu erklären, und hören Sie genau zu, was sie sagt. Bestätigen Sie, was sie Ihrer Meinung nach gesagt hat, und fragen Sie sie, ob dies richtig ist. Stellen Sie Fragen, wenn Sie sich über etwas unsicher sind. Bestätigen Sie ihre Antwort, anstatt sie sofort mit Ihrem Standpunkt zu vergleichen. Danken Sie der anderen Partei, dass sie Ihnen beim Verstehen hilft. Es ist dann in Ordnung zu sagen: "Ich glaube, ich verstehe Ihren Standpunkt jetzt besser. Ist es in Ordnung, wenn ich meinen Standpunkt erläutere und wir dann vielleicht über die Ähnlichkeiten und Unterschiede unserer Meinungen sprechen können? Sobald Sie Ihre Standpunkte ausgetauscht haben, haben Sie beide die Gelegenheit zu erkennen, dass die Meinung des anderen gültig ist, auch wenn sie sich von Ihrer unterscheidet. Wenn sie offen für eine Diskussion ist, vergleichen Sie Ihre beiden Standpunkte und sprechen Sie über Ihre gemeinsame Basis, falls es eine gibt. Geben Sie eine Rückmeldung über die Meinung der anderen Partei und bitten Sie um eine Rückmeldung über Ihre. Versuchen Sie, sich an Fakten zu halten, anstatt persönliche Ansichten zu äußern, oder seien Sie sich zumindest darüber im Klaren, was Fakten und was Meinungen sind. Sprechen Sie offen darüber, was genau die Wurzel des Konfliktes ist.

Erinnern Sie sich an vergangene Erfolge (NICHT vergangene Fehler)

Allzu oft greifen wir auf Fehler der Vergangenheit zurück, die jemanden automatisch in die Defensive drängen. Stattdessen kann man auf die positiven Dinge hinweisen, die schon einmal gesagt und getan wurden. Beziehen Sie diese auf die Situation, in der Sie sich jetzt befinden, oder sagen Sie, wie ein Konflikt in der Vergangenheit zwischen Ihnen fair gelöst wurde. Über frühere Erfolge zu sprechen, kann Ihnen helfen, den Konflikt auf gesunde, friedliche Weise zu entschärfen. Wenn zum Beispiel jemand sagt: "Ich bin wütend, weil Sie es nicht verstehen, und Sie haben Sie nie verstanden", können Sie dafür sorgen, dass sich die andere Partei wohler fühlt und das Gespräch umdrehen, indem Sie in einem ruhigen Tonfall antworten und sagen: "Ich verstehe, dass dies im Moment

Ihre Gefühle sind. Ich möchte Sie daran erinnern, dass es wirklich gut funktioniert hat, als wir uns auf XXX geeinigt und durchgezogen haben. Das hat uns geholfen, uns gegenseitig zu verstehen. Es ist wichtig für mich, dass wir das ausarbeiten." Besprechen Sie, wie Sie sich erfolgreich einigen konnten, wenn bestimmte Wörter, Sätze, Körpersprache, Tageszeit, Ort usw. verwendet wurden. Diskutieren Sie, wie es sich anfühlt, wenn Sie eine beschuldigende oder verletzende Sprache verwenden. Entscheiden Sie sich für ein positives Gespräch. Einigen Sie sich darauf, Standpunkte auszutauschen und ein konstruktives Gespräch über die erfolgreiche Lösung Ihres aktuellen Konfliktes zu führen. Sprechen Sie darüber, was in der Vergangenheit für Sie funktioniert hat, damit Sie die aus diesen Situationen gelernten Lektionen anwenden können.

Nehmen Sie sich Zeit für die Verarbeitung von Gedanken und passenden Antworten

Oftmals warten wir während eines Konfliktes ungeduldig auf eine Antwort auf das, was wir gesagt haben, und deshalb üben wir Druck auf den anderen aus, sofort zu reagieren. Das führt nur zu mehr Konflikten, weil es die Angst oder die Feindseligkeit verstärkt. Das kann häufig auch dazu führen, dass wir Dinge sagen, die wir nicht wirklich meinen. Die Situation kann schnell eskalieren, und es kann sogar zu Gewalt kommen, wenn es jemand zu weit treibt. Wir sind so sehr darauf bedacht, das Ganze zu beenden, dass wir zu sehr drängen und uns nicht die Zeit nehmen, das Gesagte wirklich zu überdenken. Stattdessen sollten Sie sich beide die Zeit nehmen, in Ruhe Ihre Punkte vorzutragen, dem anderen zuzuhören, das Gesagte sorgfältig zu überdenken und einen klaren Weg nach vorn anzustreben. Lassen Sie nicht zu, dass Ihr Wunsch, schnell aus der unbequemen Situation herauszukommen, Ihr Bedürfnis beeinträchtigt, sich die Zeit für klare Gedanken und Überlegungen zu nehmen.

Legen Sie Pausen ein

Wenn Sie sich aufgeregt fühlen oder feststellen, dass die gegnerische Partei aufgeregt ist, schlagen Sie vor, dass Sie beide eine Pause vom Gespräch einlegen. Bitten Sie um einen Kaffee für Sie beide, oder schlagen Sie vor, zunächst ein leichteres Thema zu besprechen, mit der Absicht, später darauf zurückzukommen. Vergessen Sie jedoch nicht, darauf zurückzukommen, wenn es Ihnen beiden besser geht, denn das Vermeiden oder Ignorieren von Konflikten wird es wahrscheinlich noch schlimmer machen, wenn der Streit zu einem späteren Zeitpunkt wieder aufgenommen wird.

Bei der konstruktiven Gegenüberstellung geht es darum, nicht zu urteilen, sondern sicherzustellen, dass Sie sich voll und ganz in das Gespräch einbringen. Um Frieden zu schaffen, müssen Sie offen dafür sein, Ihren Konflikt zum Nutzen beider Parteien zu lösen, auch wenn der einzige Nutzen darin besteht, dass beide Parteien den Streit beenden. Wenn Sie sich in einem Konflikt befinden, ergreifen Sie die Initiative und suchen Sie aktiv nach Möglichkeiten, ihn zu lösen. Manchmal ist eine konstruktive Gegenüberstellung schwierig, weil Sie der Person, mit der Sie in Konflikt stehen, möglicherweise zu nahe stehen. Um konstruktiv an die Sache heranzugehen, müssen Sie Situationen aus jeder Perspektive betrachten, auch objektiv, wie es ein Therapeut oder ein Mentor tun würde. Stellen Sie fest, wie Sie sich fühlen, was die andere Person für Sie bedeutet, und entscheiden Sie, ob Sie die Situation von einer dreifachen Position aus betrachten können. Nicht alle Konflikte werden gelöst, aber alle Gespräche müssen irgendwann zu einem Ende kommen. Wenn Sie versuchen, eine schwierige Diskussion zu beenden, schlagen Sie vor, eine Pause einzulegen, bis Sie beide sich beruhigen und rational denken können.

Sie müssen nicht immer recht haben

Konkurrierende Menschen sind diejenigen, die am meisten streitlustig sind, denn sie müssen ihren Standpunkt klarmachen und werden erst dann Ruhe geben, wenn andere zustimmen, dass sie recht haben. Klingt das nach Ihnen oder jemandem, den Sie kennen? Wenn es jemand ist, den Sie kennen, versuchen Sie einfach mal nichts zu sagen, was zu einer Argumentation führen könnte. Sie könnten sagen: "Sie scheinen überzeugt zu sein, dass es wahr ist, also werde ich darüber nachdenken." Alles, was Sie kontrollieren können, sind Sie selbst und Ihre Reaktion. Warum also einen Streit riskieren, wenn Sie bereits wissen, dass diese Person recht haben muss und niemals nachgeben wird?

Wenn Sie die Person sind, die konkurriert, ist es vielleicht am besten, sich folgende Fragen zu überlegen, damit Sie nicht zu Ihrem eigenen schlimmsten Feind werden. Einige der wichtigsten Lektionen, die Sie lernen können, sind: Sie müssen nicht immer recht haben, manche Argumente sind es nicht wert, gewonnen zu werden, der Fehler könnte tatsächlich bei Ihnen liegen, Sie haben es vielleicht falsch verstanden, oder Sie sind vielleicht gemein oder stolz. Seien Sie immer bereit, die Verantwortung für Ihre eigene Rolle in einem Konflikt zu übernehmen.

Habe ich recht oder bin ich stolz?

Die Wahrheit ist, dass Sie vielleicht denken, Sie hätten recht, aber in Wirklichkeit sind Sie vielleicht nur übertrieben rechthaberisch, stolz und egozentrisch. Meinungen zu haben, ist nicht schlecht; wenn man sie jedoch mit einer konkurrierenden Natur und schlechten Konfliktlösungsfähigkeiten mischt, kann es sein, dass man mit den Menschen nicht zurechtkommt. Was ist, wenn es mehr darauf ankommt, wie Sie in Konflikten mit anderen umgehen, als darauf, ob Sie recht haben und die anderen nicht? Vielleicht haben Sie den Antrieb und das Selbstvertrauen, sich zu äußern, und Sie glauben zu wissen, wovon Sie reden. Was ist, wenn Sie sich tatsächlich irren? Versuchen Sie zu überlegen, wie oft Sie schon recht hatten. Ist es die ganze Zeit der Fall, oder glauben Sie nur, dass Sie immer recht haben? Vielleicht sind es die Menschen einfach nur satt, mit Ihnen zu streiten. Der ständige Versuch, anderen zu beweisen, dass Sie recht haben, ist hochmütig.

Manchmal möchte man aufgrund seines Wettbewerbscharakters recht haben. Es kann daraus resultieren, dass wir von anderen nicht ernst genommen werden oder uns in unserer Jugend vernachlässigt gefühlt haben. Durch den Wettbewerb fühlen wir uns besser, denn wenn wir Argumente gewinnen, fühlen wir uns erfolgreich und wie ein Gewinner. Wettbewerbsorientiert zu sein trägt nicht zu einer wirksamen Lösung von Konflikten bei. Seien Sie nicht so wettbewerbsorientiert. Seien Sie kooperativ. Wenn Sie das nächste Mal mit einem Konflikt konfrontiert werden, konzentrieren Sie sich nicht darauf, zu gewinnen oder recht zu haben. Überlegen Sie sich, ob nicht jemand anderes recht haben könnte, um zu sehen, wie Sie sich fühlen. Wenn Sie sich emotional erdrückt oder unangemessen wütend fühlen, weil Sie einen Streit nicht gewinnen, ist es vielleicht am besten, sich mit den zugrunde liegenden Ursachen zu befassen. Lassen Sie sich beraten, um Ihre Grundmuster zu erkennen, damit Sie in Zukunft nicht die Gelegenheit verpassen, engere Beziehungen zu anderen aufzubauen.

Lohnt es sich, das Argument zu gewinnen?

Stellen Sie fest, ob es sich lohnt, ein Argument zu gewinnen, und wenn ja, verstehen Sie, was Sie dafür in Ihrer Beziehung, Ihren Umständen oder Ihrer Sicherheit opfern müssen. Vielleicht lohnt es sich nicht zu gewinnen. Es ist in Ordnung, wenn man jemand anderem seinen Willen lässt. Schauen Sie sich Ihr Umfeld an und analysieren Sie die Situation. Wo sind Sie? Mit wem reden Sie? Worum geht es bei dem Streit? Müssen Sie wirklich gewinnen? Wenn Sie gewinnen, riskieren Sie dann, einen Freund oder einen geliebten Menschen zu verlieren, weil diese so verletzt von Ihrer Herangehensweise an das Gewinnen sind? Riskieren Sie, jemanden zu beleidigen oder zu verärgern, der sich in einer Machtposition befindet? Es ist ein großer Unterschied, ob Sie mit Ihrem

Chef über dessen Reaktion auf Ihr fertiges Projekt streiten oder ob Sie mit Ihren Freunden über ein lokales politisches Thema streiten. Während einer Debatte mit Ihren Freunden ist es in Ordnung, eine freundschaftliche Auseinandersetzung energisch zu gewinnen; allerdings können Sie selbst bei der kleinsten Meinungsverschiedenheit mit Ihrem Chef den Job verlieren. Bei einem Streit mit Ihrer Frau über Kindererziehung ist es vielleicht nicht angebracht, immer zu gewinnen; bei einer Meinungsverschiedenheit über einen Männerabend könnte es jedoch in Ordnung sein. Wenn Ihnen jemand vorschlägt, etwas Unsicheres gemeinsam zu tun und Sie das nicht wollen, ist es sehr wichtig, dass Sie den Streit gewinnen. Wenn Ihnen jemand vorschlägt, etwas Langweiliges zu tun und Sie das nicht wollen, hat es eigentlich keine großen Konsequenzen, wer gewinnt.

Was hat den Konflikt verursacht?

Anstatt sich mit Ihren Freunden, Ihrem Ehepartner, Ihrem Chef oder mit einem Familienmitglied zu streiten, erinnern Sie sich lieber daran, was diesen aktuellen oder andere Konflikte in der Vergangenheit verursacht hat. Ist dies ein wiederkehrender Streit oder eine neue Meinungsverschiedenheit? Handelt es sich um eine Meinungsverschiedenheit über etwas Immaterielles, oder gibt es eine Möglichkeit, den Konflikt auf der Grundlage von Fakten zu lösen? Gibt es etwas zu gewinnen oder zu verlieren, das den Konflikt anheizt? Identifizieren Sie die Ursache dieser Konfrontation, um einen konstruktiven Weg finden zu können, damit umzugehen. Wenn Sie gemeinsam an der Lösung des Konfliktes arbeiten, stellen Sie sicher, dass Sie sich beide darüber einig sind, was die eigentliche Ursache des Konfliktes ist.

Sind Sie gehässig oder verletzend?

Wenn wir zu sehr in eine Situation verwickelt sind, können wir gehässig werden, indem wir vergangene Ereignisse aufgreifen oder absichtlich verletzende Dinge sagen. Normalerweise versuchen wir nicht absichtlich, die andere Partei zu verletzen; da wir sie aber kennen, wissen wir auch, welche Knöpfe wir drücken müssen, um eine Reaktion zu erhalten. Fragen Sie sich, ob Sie die andere Person absichtlich provozieren. Sagen Sie Dinge, die sie gemein oder verletzend findet? Wenn Sie der anderen Partei gegenüber gehässig sind, wird ein Streit eskalieren und möglicherweise Ihre Beziehung beenden.

Wenn ein Konflikt nicht gelöst werden kann

Manchmal kann man sich einfach nicht einigen und die Diskussion muss beendet werden. Frieden zu schaffen muss nicht immer bedeuten, dass der Konflikt zur Zufriedenheit aller Parteien gelöst wurde. Manchmal bedeutet Frieden zu schließen einfach nur, dass man sich einigt, nicht einverstanden zu sein und ohne Ärgernis getrennte Wege geht. Unter diesen Umständen müssen Sie verstehen, wann es angebracht ist, die Dinge einfach loszulassen. Wenn zum Beispiel die andere Partei nicht von ihrem Standpunkt ablässt, und egal, was Sie sagen, dies nur zu einer Eskalation des Streits führen wird, könnten Sie sich dafür entscheiden, nichts mehr zu sagen.

Je nachdem, in welcher Art von Konflikt Sie sich befinden und mit wem Sie konfrontiert sind, ist es immer gut zu wissen, wann Sie etwas ausdiskutieren sollten, wann Sie eine Weile schweigen und wann Sie die Sache ganz loslassen sollten. Wie können wir also sicher sein, wann wir die Dinge ausdiskutieren sollten und wann nicht? Wann sollte man einfach Frieden mit der Situation schließen und wann sollte man weitermachen? Denken Sie über Folgendes nach:

- Ist der Konflikt groß oder klein?
- Wird es in einer Woche eine Rolle spielen oder etwas ändern, wenn es nicht geklärt wird?
- Was sind die Folgen von gewinnen, verlieren oder weggehen?
- Lohnt es sich, die Person, mit der Sie im Konflikt sind, zu verlieren?

- Lohnt es sich, sich selbst im Moment zu verlieren?
- Sind Sie hungrig, müde, emotional, oder trägt etwas anderes zu dem Streit bei?

Manchmal ist es leicht, Frieden zu schließen. Wenn der Konflikt etwas Kleines und Dummes ist, machen Sie einen Scherz daraus und sagen Sie: "Mensch, das ist doch ziemlich dumm und außer Kontrolle geraten, finden Sie nicht auch?" Wenn Sie diese kühne Aussage machen, achten Sie jedoch darauf, dass es sich um so etwas wie einen Streit über das Schneiden von Kartoffeln oder den Film handelt, den Sie sich ansehen wollen. Manchmal bemerken wir nicht, dass kleine Dinge zu unserem Verhalten beitragen können. Wenn wir im Moment hungrig, müde, stolz oder egoistisch sind, können wir ein kleines Problem zu einem feindlichen Konflikt eskalieren lassen. Wenn ein Problem von geringer Bedeutung ist, sollten Sie schnell sagen: "Dieses Thema ist es nicht wert, dass wir darüber streiten." Beobachten Sie die Situation objektiv und entscheiden Sie dann, ob Sie besser einfach zu streiten aufhören und lieber Frieden schließen sollten.

Einen Konflikt elegant beenden

Um einen Konflikt friedlich zu beenden, müssen Sie einen positiven oder neutralen Schlussstrich ziehen. Es bedeutet auch, das Ergebnis zu akzeptieren, ohne Groll oder starke Gefühle zu hegen. Viele Menschen betrachten Konflikte als ein Problem, sehen sie aber selten als eine Gelegenheit für positive Veränderungen und inneres Wachstum. Auch wenn der Konflikt etwas Negatives zu sein scheint, ist er in Wirklichkeit etwas Positives, weil er uns hilft zu definieren, wer wir sind und wer jemand anderes ist, und zwar auf einer tieferen Ebene. Man hat den Konflikt nicht elegant beendet, wenn man den Streit nicht wirklich beendet hat. Wenn Sie einfach an der Feindseligkeit festhalten, mit dem Vorhaben, später weiter zu streiten, oder wenn Sie planen, die Person in Zukunft zu meiden, oder wenn einer von Ihnen am Ende enttäuscht und ungehört weggeht, dann haben Sie nichts gelöst. Einen Konflikt elegant zu lösen bedeutet, zu wissen, was man sagen soll, wann man aufhören soll zu reden und wann man gehen soll. Hier ist eine Zusammenfassung einiger der wesentlichen Fähigkeiten, um Frieden zu schaffen und einen Konflikt würdevoll zu beenden:

- Behalten Sie negative Gedanken für sich. Sprechen Sie sie nicht laut aus.
- Konzentrieren Sie sich auf positive Gemeinsamkeiten.
- Üben Sie effektives Zuhören.
- Bestätigen Sie die Gefühle der anderen Person.
- Bleiben Sie beim Thema.
- Bringen Sie zur Sprache, was in der Vergangenheit funktioniert hat.
- Sagen Sie keine verletzenden Dinge.
- Konzentrieren Sie sich auf die Lösung, nicht darauf, recht zu haben.
- Erinnern Sie sich daran, warum Sie diese Person in Ihrem Leben schätzen.
- Halten Sie sich fern davon, einen Wettbewerb daraus zu machen.

In diesem Kapitel geht es darum, was zu tun ist, wenn Sie einen Konflikt nicht lösen können, aber Frieden schaffen wollen. Es geht darum, wie Sie den Konflikt beenden und friedlich davongehen können. Dazu sind sowohl Taten als auch Worte nötig. Manchmal eskaliert der Konflikt aufgrund der Worte, die Sie verwenden. Schauen wir uns einige Beispiele dafür an, wie Sie positive, konstruktive Dinge sagen und auf die Schaffung von Frieden hinarbeiten können.

"Das musste ich hören, danke. Ich werde es im Gedächtnis behalten."

Diese Aussage bestätigt die Person, mit der Sie sprechen. Selbst wenn Sie ihrer Meinung oder Ansicht nicht zustimmen oder sich nicht darauf beziehen, zeigt dies, dass Sie versuchen, sie zu verstehen, und dass Sie sich mehr Gedanken darüber machen werden. Es hilft ihr, zu wissen, dass Sie ihr zugehört haben und dass Sie für ihren Standpunkt offen sind.

"Ich habe etwas zu sagen. Ist jetzt ein guter Zeitpunkt, um Ihnen davon zu erzählen?"

Diese Aussage kann mitten in einem Streit oder vor Beginn eines möglicherweise schwierigen Gespräches verwendet werden. Sie lässt die andere Person wissen, dass Sie eine Meinung haben und angehört werden wollen, aber dass Sie ihre volle Aufmerksamkeit benötigen. Manchmal kann sie auch jemandem bewusst machen, dass er vielleicht vom Thema abweicht oder sich zu viel herausnimmt und dass Sie jetzt an der Reihe sind.

"Was halten Sie davon, wenn wir nach Fakten suchen?"

Wie bereits erwähnt, geht es bei einigen Argumenten darum, recht zu haben. In einigen Fällen ist es möglich, zu beweisen, welcher Standpunkt tatsächlich richtig ist. In dieser Situation müssen beide Parteien vereinbaren, das Ergebnis der Tatsachenfeststellung zu respektieren.

"Ich interpretiere das, was Sie gesagt haben, wie XXX. Ist das richtig? Bitte helfen Sie mir zu verstehen, wenn ich mich irre."

Zu einer effektiven verbalen Kommunikation gehört es, das, was der Redner zu Ihnen gesagt hat, so umzuformulieren, dass Sie sicher sind, es verstanden zu haben. Wenn Ihnen nicht klar ist, was gesagt wurde, können Sie die andere Partei bitten, sich selbst zu erklären oder Beispiele zu nennen. Das zeigt, dass Sie versuchen, die ganze Geschichte zu verstehen, ohne voreilige Schlüsse zu ziehen.

"Ich fühle mich mit dieser Idee nicht sehr wohl, können wir uns etwas anderes einfallen lassen?"

Diese Aussage zeigt, dass Sie, obwohl Sie zugehört haben, was die andere Person gesagt hat, nicht einverstanden sind, aber dennoch gemeinsam an der Lösung des Problems arbeiten wollen. Dies ist ein wirksames Mittel, um die Einleitung für die Anwendung von Verhandlungs- und Überzeugungstechniken zu eröffnen, die Sie zuvor kennengelernt haben.

Wenn Sie denken, bevor Sie sprechen, und konstruktive, positive Dinge sagen, können Sie Ihre Chancen deutlich erhöhen, den Konflikt mit einer Lösung oder zumindest mit der Gewissheit zu verlassen, dass Sie Ihr Bestes versucht haben.

Wie man sich entschuldigt

Sie denken sicher: "Ich weiß, wie man sich entschuldigt, warum ist das überhaupt ein Thema?" Entschuldigungen können aggressiv oder unehrlich wirken, wenn man sich nur deswegen entschuldigt, weil es die andere Partei will, um den Konflikt zu lösen. Die Regel Nummer eins beim Entschuldigen ist, dass man es auch so meinen muss. Es muss aufrichtig sein.

Der einzige Weg, um zu zeigen, dass Sie aufrichtig sind, ist, wirklich über den Konflikt nachzudenken und es wirklich zu bedauern, dass Sie jemanden verletzt haben. Sie müssen auch bereit sein, das, wofür Sie sich entschuldigt haben, in Zukunft nicht mehr zu tun. Vielleicht ist Ihr Ehepartner zum Beispiel sauer auf Sie, weil Sie die Wäsche nicht zusammenlegen oder im Haus nicht helfen. Vielleicht haben Sie Ihre eigene Meinung, dass Sie sehr wohl helfen, es aber unbemerkt bleibt. Um den Streit zu beenden, bevor er beginnt, können Sie sich jedoch automatisch entschuldigen. Dann tun Sie es jedoch wieder, denn Ihre erste Entschuldigung war nicht aufrichtig. Sie hatten nie die Absicht, Ihr Verhalten tatsächlich zu ändern. Sie haben sich entschuldigt, um den Konflikt in diesem Moment zu beenden. Bei dieser Art von Entschuldigung bedeutet diese bald nichts mehr, und die andere Person wird wahrscheinlich das Vertrauen in Sie und Ihre Aufrichtigkeit verlieren.

So klingt eine echte Entschuldigung:

"Ich kann sehen, dass ich Sie verletzt habe. Es tut mir leid."

Stellen Sie sicher, dass die Entschuldigung von innen kommt und dass Sie sie wirklich ernst meinen. Seien Sie darauf vorbereitet, zu erklären, wie Sie andere verletzt haben und was Ihnen leid tut. Andernfalls wird eine Entschuldigung unaufrichtig, spontan und unehrlich wirken. Die gegnerische Partei kann Ihnen möglicherweise nicht mehr vertrauen, wenn Sie sich in Zukunft tatsächlich entschuldigen. Hier sind einige Beispiele dafür, wie sich eine unaufrichtige oder unehrliche Entschuldigung anhört:

- "Wie auch immer, es tut mir leid."
- "Wenn Sie eine Entschuldigung von mir wollen, hier ist sie, es tut mir leid."
- "Es tut mir leid, dass Sie so XXX sind."
- "Sie haben recht, ich werde wohl nie lernen, es Ihnen recht zu machen."
- "Es ist alles meine Schuld. Ich bin ein so schrecklicher Mensch."

Was genau macht also eine echte Entschuldigung aus? Die besten Entschuldigungen beinhalten folgende Aspekte:

- Überstürzen Sie nichts und erklären Sie, warum Sie sich für das, was Sie getan haben, entschuldigen.
- Übernehmen Sie die Verantwortung für die Rolle, die Sie in der Auseinandersetzung gespielt haben, erwarten Sie nichteine Entschuldigung zurückzubekommen und bitten Sie auch nicht um eine Entschuldigung.
- Rechtfertigen Sie nicht, was Sie getan haben, erklären Sie, warum Sie getan haben, was Sie getan haben, und geben Sie zu, dass es der falsche Ansatz war.

- Versprechen Sie, die notwendigen Änderungen vorzunehmen, um sicherzustellen, dass sich so etwas nicht wiederholt.
- Bitten Sie um Verzeihung.
- Halten Sie alle Versprechen ein, die Sie gemacht haben.

Anerkennung

Eine ordnungsgemäße und respektvolle Entschuldigung wird besser verstanden und angenommen, wenn Sie anerkennen, dass es einen Streit gibt und dass Sie nicht glücklich darüber sind, mit der Person in Konflikt zu geraten. Fassen Sie den Streit aus der Perspektive der dritten Position zusammen. Wenn Sie aufrichtig sind, den Streit und Ihre Rolle im Streit anerkennen und über die gesamte Situation nachgedacht haben, können Sie schnell klären, was falsch ist und was Sie beim nächsten Mal anders machen werden.

Verantwortung

Manche Menschen sind zu sehr in der Hitze des Gefechts gefangen, um über ihre eigenen Handlungen oder darüber nachzudenken, wie sie zur Eskalation des Konfliktes beigetragen haben. Verantwortung zu übernehmen bedeutet, dass man zugibt, was man getan hat, um zum Konflikt beizutragen und dass man dies die andere Person wissen lässt. Um sich darin zu üben, Verantwortung zu übernehmen, können Sie Folgendes tun:

- Das Szenario betrachten, ohne der anderen Person oder den anderen Parteien die Schuld zuzuweisen.
- Betrachten Sie den Beitrag aller, einschließlich Ihres eigenen.
- Entschuldigen Sie sich für das, was Sie getan haben.
- Lernen Sie aus Ihren Fehlern.
- Wählen Sie einen friedlichen Ansatz.

Verantwortung für Ihre Handlungen zu übernehmen bedeutet nicht zwingend, dass Sie sich entschuldigen müssen. Allein die

Tatsache, dass Sie erkannt haben, was Sie falsch gemacht haben, bedeutet, dass Sie dem friedlichen Lösen von Konflikten einen Schritt näher gekommen sind.

Verständnis und Einfühlungsvermögen

Nachdem Sie den Konflikt anerkannt und die Verantwortung dafür übernommen haben, wie Ihre eigenen Gedanken und Handlungen zur Auseinandersetzung beigetragen haben, zeigen Sie Einfühlungsvermögen und Mitgefühl, indem Sie darüber nachdenken und erklären, wie Sie glauben, dass die andere Person fühlt. Wahres Verständnis kann erst nach Beendigung des Konfliktes entstehen, wenn Sie die Gelegenheit hatten, darüber nachzudenken.

Wenn Sie sich entschuldigen, vergewissern Sie sich, dass Sie sich Gedanken gemacht haben. Denken Sie daran zuzuhören, was die andere Person sagt. Geben Sie ihr die Chance, auf die Entschuldigung zu antworten. Es mag Ihre Absicht sein, dass Ihnen vergeben wird, aber das geschieht nicht immer sofort. Manchmal ist das Akzeptieren, dass jemand mehr Zeit braucht, die einzige Möglichkeit, ein Problem vorläufig zu lösen. Vergessen Sie nicht, sich selbst zu verzeihen. Sehen Sie sich im Spiegel an, entschuldigen Sie sich bei sich selbst und vergeben Sie sich für die Art und Weise, wie Sie die Dinge gehandhabt haben. Das Festhalten an Wut und Hass oder Verrat kann Angst und großen Stress verursachen. Vergebung ist nicht immer möglich, aber wenn Sie einen ungelösten Konflikt mit Ihrer eigenen Herangehensweise zufrieden verlassen, können Sie auch in Zukunft weiter lernen und Fähigkeiten für das Lösen von Konflikten entwickeln.

Zusammenfassung des Kapitels

Ob Sie nun konstruktiv kritisieren, konfrontativ agieren oder lösungsorientiert handeln, beim friedlichen Konfliktmanagement geht es darum, positive Wege zu finden, wie man einen Konflikt elegant beenden kann. Wenn ein Konflikt nicht gelöst werden kann, ist es am besten, still zu sein und zuzuhören, Ihren Beitrag zu erkennen und den Wunsch loszulassen, recht haben zu wollen. Wenn es bei der Entschuldigung lediglich darum geht, einen Konflikt zu beenden, nur um ihn zu beenden, handeln Sie unehrlich. Wenn Sie sich entschuldigen, weil Sie es tatsächlich meinen, ist die Wahrscheinlichkeit größer, dass Sie die schwierige Situation friedlich beenden, auch wenn Sie den Konflikt nicht vollständig lösen können. Nun kennen Sie Techniken, um einen Konflikt effektiv und friedlich zu beenden, auch wenn es keine echte Lösung gibt oder Ihnen nicht vergeben wird.

In diesem Kapitel haben Sie gelernt:

- Was eine konstruktive Gegenüberstellung ist.
- Wann man einen Konflikt beendet und wann nicht.
- Wann man einen ungelösten Konflikt loslassen sollte.
- Wie man ein schwieriges Gespräch elegant beenden kann.
- Wie man sich authentisch entschuldigt.

Im nächsten Kapitel lernen Sie, wie Sie Ihren Geist öffnen und Probleme und Konflikte neu überdenken können. Indem Sie Ihren Standpunkt neu formulieren und den Konflikt nutzen, um Ihr Leben positiv zu verändern, können Sie ein weiteres Hilfsmittel erlernen, welches Ihnen zur Verfügung steht, wenn Sie sich bemühen, Konflikte in Ihrem Leben zu lösen.

KAPITEL 9:

Konfliktmanagement-Technik 07 - Die Kraft der Aufgeschlossenheit

Aufgeschlossen zu bleiben bedeutet, sich unterschiedlicher Perspektiven bewusst zu sein, alternative Interpretationen zu finden und die eigene Denkweise neu zu formulieren. Der Grund, warum diese Technik so vorteilhaft ist, liegt darin, dass unser Verstand oft so stark in unsere eigenen Denkmuster eingebunden ist, dass wir vergessen, dass jemand anderes eine eigene Perspektive hat. Wie Sie in diesem Buch gelernt haben, kann eine konkurrierende Natur oder eine verschlossene Körperhaltung den Konflikt verschärfen. Aufgeschlossenheit beeinflusst unser Verhalten und legt fest, wie wir an Konflikte und Diskussionen herangehen. Die meisten Menschen fühlen sich wohl dabei, ihre Gedanken für sich zu behalten oder sich zu verschließen, weil sie sich während des Konfliktes unangenehm oder defensiv fühlen und eine verschlossene Haltung ihnen ein Gefühl von Sicherheit gibt. Ohne sich dessen bewusst zu sein, trägt diese Art von Verhalten zu einer Eskalation des Konfliktes oder der Auseinandersetzung bei. Sie könnten sich fragen: "Warum sollte ich mir erlauben, verletzlich zu sein, wenn ich mich bedroht fühle? Wenn mich die andere Konfliktpartei weiterhin demütigt und ich mich dabei nicht wohlfühle, warum sollte ich es dann versuchen?"

In diesem Zustand der Verschlossenheit könnten wir auf eine Entschuldigung warten oder denken, dass die andere Partei den ersten Schritt machen muss, bevor wir bereit sind, eine Lösung des Konfliktes in Betracht zu ziehen. In einigen Fällen ist diese Vorgehensweise gesund, wenn Sie das Gefühl haben, dass die andere Partei Ihnen wirklich Unrecht getan hat und Sie Raum und Zeit brauchen, um die Situation zu überdenken. Bevor Sie jedoch denken, dass die andere Partei den ersten Schritt machen muss, sollten Sie Ihre Beziehung und die Gesamtperspektive des Konfliktes betrachten. Treten Sie einen Schritt zurück und bewerten Sie die Gesamtsituation, bevor Sie eine plötzliche und dauerhafte Entscheidung treffen. Würde eine offene Einstellung das Verständnis des Problems erleichtern? Sind Sie bereit, andere Perspektiven in Betracht zu ziehen? Gibt es etwas, das Sie tun können, um die Situation besser zu verstehen? Was können Sie kontrollieren und was können Sie in dieser Angelegenheit nicht kontrollieren? Vielleicht fragen Sie sich, warum Sie sich öffnen sollten, wenn Ihnen nicht danach ist? Vielleicht haben Sie Angst davor, verletzt zu werden. Das ist ganz natürlich. Es hat jedoch viele Vorteile, wenn man sich für die Perspektiven anderer und für das Potenzial eines positiven Ergebnisses öffnet.

Hier sind einige Vorteile:

- Sie könnten erfahren, dass Sie nicht der/die einzige sind, der/die sich bedroht fühlt.
- Sie könnten entdecken, dass das Verhalten Ihres Gegenübers auf Angst zurückzuführen ist.
- Sie könnten vielleicht erkennen, dass sich Ihr Gegenüber während eines Konfliktes unbewusst nicht selbst beherrschen kann.
- Sie bleiben unvoreingenommen, indem Sie aufgeschlossen sind.
- Sie können vielleicht den Grad der Feindseligkeit verringern, was die Chance auf eine Lösung des Konfliktes verbessert.

In Kapitel sieben haben Sie gelernt, wie bedeutend emotionale Intelligenz ist und wie sie Ihnen bei der Lösung von Konflikten helfen kann. Einfühlungsvermögen kann Ihnen helfen zu verstehen, dass Verschlossenheit die Dinge nur noch weiter eskalieren lässt, weil Sie sich dem Denken und Fühlen der anderen Person verschließen. Das heißt nicht, dass Ihre Gefühle und Meinungen keine

Rolle spielen. Die letztliche Ursache des zunehmenden Konfliktes könnte jedoch darin liegen, dass Sie beide die gleichen Gefühle haben, aber nicht wissen, wie Sie sie ausdrücken sollen. Also, wie bringt man das in Ordnung? Bleiben Sie bewusst aufgeschlossen und richten Sie Ihr Denken neu aus. Erinnern Sie sich an die Bedeutung des effektiven Zuhörens. Aufgeschlossen zu bleiben erfordert aktives Zuhören.

Den Verstand umorientieren für ein effektives Konfliktmanagement

Das Konzept der Neuorientierung besteht darin, die Dinge anders zu sehen, als man es bisher getan hat. In den vorhergehenden Kapiteln haben Sie das Konzept der Empathie gelernt, d. h. die Meinung eines anderen zu verstehen und zu begreifen, wie er fühlt und denkt. Den Verstand umzuorientieren bedeutet nicht, über den Tellerrand hinauszuschauen oder an das große Ganze zu denken. Eine neue Denkweise zu entwickeln bedeutet, die Art und Weise, wie man seinen eigenen Blickwinkel sieht oder betrachtet, so umzugestalten, dass man für die Meinungen anderer empfänglich ist. Dies ermöglicht es uns, unsere Perspektiven zu erweitern und uns weiterzuentwickeln, um neue Informationen aufzunehmen, die auf der Sichtweise anderer basieren.

Wenn Sie sich in einen Konflikt begeben, haben Sie in der Regel bereits eine Interpretation dessen, was das Problem ist, wie es gelöst werden kann und woher es kommt. Nur Sie können Ihre eigenen Gedanken kennen und wissen, was Sie dagegen tun wollen. Sie verstehen jedoch nicht wirklich, was ein anderer fühlt und denkt. Es könnte völlig anders sein als das, was Sie angenommen haben. Mit Hilfsmitteln der emotionalen Intelligenz, wie Einfühlungsvermögen, können Sie versuchen, Ihr Bestes zu geben, um mit der Person oder den Personen, mit denen Sie in Konflikt stehen, eine Beziehung aufzubauen. Bei der Neuorientierung Ihres Verstandes geht es weder darum, die Dinge aus Ihrer eigenen Sicht anders zu betrachten, noch geht es darum, die Dinge nur aus der

Perspektive eines anderen zu betrachten. Es geht darum, zu verstehen, dass man den Konflikt aus vielen Sichtweisen betrachten kann und dass es viele gültige und ungültige Komponenten für den Standpunkt jedes Einzelnen gibt. Eine Möglichkeit, sich darin zu üben, seinen Standpunkt neu zu formulieren, besteht darin, sich von verschiedenen Personen, die nicht in den Konflikt involviert sind, beraten zu lassen.

Eine der Barrieren für die Neuorientierung Ihrer Denkweise in einem Konflikt besteht darin, dass wir während eines Streites wieder zur Ich-Perspektive zurückkehren und uns in dem Wunsch verfangen, gewinnen zu wollen. Wenn man jedoch ruhig und gelassen bleibt, kann man seine Denkweise umstrukturieren und eine gesunde Sichtweise auf die Situation gewinnen. Man kann mehr als nur seine eigenen Gedanken umorientieren. Sie können die Bedingungen des gesamten Konfliktes neu definieren, indem Sie der anderen Partei helfen, die größere Perspektive und die positive Seite der Situation zu erkennen. Um den Konflikt neu zu gestalten und damit den Ausgang eines Konfliktes zu verändern, müssen Sie jedoch zunächst Ihren eigenen Geisteszustand neu definieren. Streben Sie danach, alle Aspekte des Themas zu verstehen und dann das Anliegen in Ruhe anzugehen. Hier sind einige Möglichkeiten, Ihre Denkweise neu zu formulieren:

Die Wurzel des Problems untersuchen

Der erste Schritt, um Ihre Meinung über den Konflikt zu ändern, besteht darin, die zugrunde liegende Ursache zu ermitteln. Viele Streitigkeiten eskalieren, weil wir uns in der Hitze des Streits verfangen und uns auf das konzentrieren, was in diesem speziellen Moment gesagt wird. Manchmal ist uns jedoch nicht klar, dass die Dinge, die gerade jetzt gesagt und getan werden, nichts mit der eigentlichen Wurzel der Krise zu tun haben. Wenn Ihr Chef Ihnen zum Beispiel vorwirft, weniger hart zu arbeiten wie alle anderen und Ihnen empfiehlt, sich mehr anzustrengen, dann liegt das vielleicht nicht daran, dass Sie nicht hart genug arbeiten. Die zugrunde liegende Ursache kann darin bestehen, dass Ihr Chef einen harten Tag oder eine harte Zeit in seinem eigenen Leben hat und das an Ihnen auslässt. Oder es kann sein, dass Sie nicht hart genug arbeiten, weil Sie müde sind, da Sie die ganze Nacht mit Ihrem Baby wach waren.

Das Negative umformulieren

Sobald Sie herausgefunden haben, was die Ursache des Streits ist, können Sie das Negative daran neu formulieren und positiver über das Szenario denken. Einige Möglichkeiten, dies zu tun, sind:

- Ändern Sie die Intensität des Gespräches, indem Sie ruhig sprechen und eine nicht bedrohliche Körpersprache verwenden.
- Verwenden Sie Einfühlungsvermögen und Mitgefühl.
- Finden Sie heraus, was für beide Parteien funktionieren könnte.
- Finden Sie eine positive Sache, über die Sie sich beide einig sind.
- Formulieren Sie das Problem neu, um sicherzustellen, dass Sie beide es verstehen.
- Leiten Sie die Diskussion wieder auf das zugrunde liegende Problem zurück.
- Konzentrieren Sie sich auf eine Lösung.

Um den Konflikt mit Ihrem Chef effektiv neu zu gestalten, können Sie sich aufrichtig entschuldigen und erklären, dass Sie zu Hause eine schwere Zeit durchmachen, aber versuchen werden, sich zu konzentrieren. Oder wenn Ihr Chef einen harten Tag hat, können Sie höflich Folgendes sagen: "Es tut mir leid, dass es Ihnen so vorkommt, aber ich habe heute tatsächlich XXX erreicht." Lassen Sie Ihren Chef wissen, dass Sie Ihr Bestes gegeben haben.

Das Hauptaugenmerk bei der Neuorientierung liegt darauf, die Sichtweisen beider Parteien darüber, wie sich der Streit anfühlt, zu verändern und etwas Positives zu sagen, das zu einer Lösung führt.

Konflikt als positiv betrachten

Fast alle Menschen, die mit einer anderen Person in Konflikt geraten sind, halten das für eine schlechte Sache. Streitigkeiten und Auseinandersetzungen zwischen Ihnen und einem anderen Menschen sollten jedoch nicht grundsätzlich als etwas Schlechtes angesehen werden. Wenn wir über die eigentlichen Ursachen von Konflikten sprechen, erfordert ein Teil der Neuorientierung Ihrer Denkweise, dass Sie den Konflikt als etwas Gesundes betrachten. Wenn Sie erst einmal richtig und klar denken, können Sie den Konflikt auf die richtige Art und Weise angehen. Unabhängig davon, ob Sie durch den Konflikt wütend, traurig oder enttäuscht sind, gibt es viele Gründe, warum ein Konflikt eine positive Sache in Ihrem Leben sein kann. Wie ein Sprichwort lautet, regnet es immer, bevor Sie einen Regenbogen sehen. Stellen Sie sich den Konflikt als den Regen vor und die Lösung als den Regenbogen.

Drei Arten von Wachstum können durch Konflikt und Konfliktmanagement entstehen. Diese sind:

Persönliches Wachstum

Konflikte helfen Ihnen, Ihre eigenen tiefen Emotionen und Gedanken zu definieren. Das hilft Ihnen, Erleuchtung zu erlangen, Veränderungen zu akzeptieren und ein tieferes Verständnis von sich selbst zu bekommen. Wir wachsen und entwickeln uns, wenn wir uns selbst herausfordern und Konflikten mit Aufgeschlossenheit begegnen.

Relationales Wachstum

Es können immer Konflikte mit anderen Menschen bestehen. Der Prozess des Konfliktmanagements hilft Ihnen jedoch, sowohl individuell als auch in der Beziehung zu anderen zu wachsen, indem Sie ein tieferes Verständnis dafür gewinnen, wie jemand anderes denkt. Wenn Sie mit anderen zusammenarbeiten, um positive Ergebnisse zu erzielen, werden sich auch Ihre Beziehungen auf positive Weise entwickeln.

Strukturelles Wachstum

Strukturelles Wachstum kommt aus Ihrem Arbeitsumfeld. Bei der Arbeit kann es manchmal zu Konflikten kommen. Hätten wir keinen Konflikt bei der Arbeit, würden wir vielleicht nie wirklich verstehen, wie groß unsere Verantwortung ist, was die Menschen um uns herum über unsere Arbeit denken oder was andere von uns brauchen. Wir würden nicht lernen, professionell zu sprechen, unseren Stolz zurückzuschrauben und Konflikte elegant zu lösen. Diese Qualitäten könnten dazu führen, dass wir als Führungskraft anerkannt werden oder als jemand, der in einem herausfordernden Arbeitsumfeld widerstandsfähig gegen Veränderungen ist. Wir gewinnen strukturelles Wachstum, wenn wir lernen, wie wir trotz des Konfliktes erfolgreich sein können.

Abgesehen von diesen drei Arten des Wachstums und den Möglichkeiten, die wir durch die Erfahrung von Konflikten gewinnen, gibt es viele andere Gründe, warum Konflikte eine positive Sache sein können. Einige der Gründe, warum ein Konflikt positiv sein kann, sind folgende:

- Eröffnet uns Einsicht.
- Gibt uns die Möglichkeit, uns auszudrücken.
- Hilft uns, unsere Grundbedürfnisse zu bewerten.
- Lehrt uns Verantwortung und Einfühlungsvermögen.
- Lehrt uns zuzuhören, um zu verstehen.
- Zeigt uns unsere eigenen Verhaltensweisen und ungesunden Muster.
- Verwandelt etwas Negatives, wie einen Konflikt, in positive Lösungen, indem man auf Bedürfnisse eingeht.
- Erlaubt uns, an unseren Kommunikationsfähigkeiten zu arbeiten.
- Hilft uns, unsere Werte zu erkennen und klare Grenzen zu setzen.
- Fördert emotionales Gleichgewicht und Kontrolle.
- Erlaubt uns, Probleme aus dem Blickwinkel anderer zu betrachten.

Wenn man es genau betrachtet, ist der Konflikt eine großartige Sache, besonders wenn es Ihr Ziel ist, ein Problem zu lösen und positive Beziehungen zu anderen aufzubauen.

FAZIT

Das Problem mit Konflikten ist, dass sie immer um uns herum sind. Egal, wohin wir gehen, was wir tun oder wie wir denken, der Konflikt findet uns unweigerlich. Sie befinden sich vielleicht nicht gerade in einem Konflikt, aber Sie haben ihn wahrscheinlich in der Vergangenheit erlebt. Wahrscheinlich werden Sie auch in Zukunft Konflikte erleben. Es ist unerlässlich, über Techniken und Hilfsmittel zu verfügen, um Konflikte zu erkennen, zu entschärfen und zu lösen.

Ist der Konflikt selbst wirklich das Problem oder ist es die Art und Weise, wie wir damit umgehen? Wie Sie in diesem Buch gelernt haben, geht es beim Konfliktmanagement darum, wie man mit dem Konflikt umgeht und wie man das Endergebnis der Situation verändert. Es gibt gesunde Wege, mit Konflikten umzugehen, und es gibt auch negative Wege, damit umzugehen. Dieses Buch hat Ihnen die Vor- und Nachteile, die Höhen und Tiefen, die negativen und positiven Aspekte von Konflikten und Konfliktmanagement dargelegt, sodass Sie beim nächsten Mal, wenn Sie damit konfrontiert werden, effektiv damit umgehen können.

Fragen Sie sich, was Sie von der Lektüre dieses Buches mitnehmen können. Vergleichen Sie Ihre Denkweise vor der Lektüre dieses Buches mit dem, was Sie jetzt fühlen und glauben. Fragen Sie sich, was Sie jetzt wissen, was Sie vorher nicht wussten. Was war Ihr Beitrag zu Konflikten, in die Sie verwickelt waren? Wie werden Sie die Dinge jetzt anders handhaben? Wie können Sie etwas über sich selbst und andere lernen? Wie können Sie Lösungen finden, von denen beide Seiten profitieren? Es ist vorteilhaft, diese Fragen zu stellen, da sie zu positiven Verhaltensweisen führen. Konflikte können nicht vermieden oder ignoriert werden.

In der Einleitung habe ich Ihnen versichert, dass Sie ein besseres Verständnis dafür gewinnen werden, wie man Konflikte besser lösen kann, und dass Sie herausfinden werden, welche Rolle Sie bei der Eskalation von Problemen spielen. Haben Sie nun ein besseres Verständnis von sich selbst und von anderen? Gibt es Dinge, die Sie über sich selbst gelernt haben, die Sie vorher nicht wussten? Inzwischen sollten Sie eine andere Perspektive auf die Streitigkeiten haben, an denen Sie beteiligt waren. Sie sollten auch über eine Vielzahl von Techniken verfügen, die Ihnen bei der Lösung von Konflikten in Ihrem Leben helfen werden.

In diesem Buch haben Sie sieben verschiedene Techniken gelernt, die Ihnen beim Konfliktmanagement helfen können. Durch das Üben und Beherrschen dieser Techniken werden Sie persönliches und berufliches Wachstum erreichen und erfahren, welche Vorteile die Fähigkeiten des Konfliktmanagements für Ihr Leben bringen. Erinnern Sie sich an diese Techniken und wenden Sie sie an, wenn Sie sich das nächste Mal in einer Situation befinden, die Konfliktmanagement erfordert.

1. Lassen Sie uns die sieben Techniken noch einmal durchgehen, um sicherzustellen, dass dieses Buches mit den besten Ratschlägen für Sie beendet wird:
2. Beherrschung der Konversation durch verbale Kommunikationsmittel.
3. Beherrschung der Konversation durch nonverbale Kommunikationsmittel.
4. Umgang mit Emotionen.
5. Meinungsänderung durch Überzeugungsarbeit und Verhandlung.
6. Entwicklung emotionaler Intelligenz, damit Sie Konflikte wie eine Führungskraft lösen können.
7. Die Strategie des Friedens.
8. Die Kraft der Aufgeschlossenheit.

Ich wünsche Ihnen von nun an, dass Sie jeder Herausforderung und jedem Konflikt mit Anmut und Dankbarkeit begegnen. Üben Sie weiterhin unsere sieben Techniken, entwickeln Sie sich weiter und bewegen Sie sich in allen Aspekten Ihres Lebens in

Richtung Wachstum. Jetzt, wo Sie wirksame Hilfsmittel zur Lösung von Konflikten in Ihrem Leben haben, sind die Möglichkeiten grenzenlos. Hören Sie jetzt nicht auf und erreichen Sie Ihre Ziele und Träume mit Zuversicht.

Ich wünsche Ihnen alles Gute.

VERWEISE

B. Spangler (2003) Reframing. https://www.beyondintractability.org/essay/joint_reframing

Brenda (2016) The Awesome Communication Tool: Reframing. http://brendahooper.com/the-awesome-communication-tool-reframing/

C. Childs (2019) 8 Steps to Continuous Self Motivation Even During the Difficult Times. https://www.lifehack.org/articles/featured/8-steps-to-continuous-self-motivation.html

D, Bellafiore Interpersonal Conflict and Effective Communication. http://www.drbalternatives.com/articles/cc2.html

D, Prothrow-Stith Conflict Resolution: The Human Dimension. https://www.gmu.edu/programs/icar/ijps/vol3_1/burton.htm

D, Stone, B Patton, and S Heen Difficult Conversations: How To Discuss What Matters Most Handout. https://www.mdmunicipal.org/DocumentCenter/View/3656/Difficult-Conversations-Handout?bidId

D.W Johnson (2019) The Importance of Taking the Perspective of Others.

https://www.psychologytoday.com/ca/blog/constructive-controversy/201906/the-importance-taking-the-perspective-others

Dr. T, Alessandra (2018) Conflict Resolution Behaviors.

https://assessments24x7.com/blog/conflict-resolution-behaviors/

E. Katrina (2014) 7 Tips to Follow to End Any Argument Peacefully. https://www.realsimple.com/work-life/work-life-etiquette/sticky-situations/things-say-keep-peace

H. Shorey (2017) Managing Relationship Conflict: Letting Go of Being Right. https://www.psychologytoday.com/ca/blog/the-freedom-change/201710/managing-relationship-conflict-letting-go-being-right

J. Segal, M. Smith, L. Robinson, and G. Boose (2019) Nonverbal Communication. https://www.helpguide.org/articles/relationships-communication/nonverbal-communication.htm

J.C. Williamson (2017) Effective Apologies Turn Conflict Aftermath into Healing Afterglow. https://www.huffpost.com/entry/effective-apologies-turn-_b_11950994

L Puhn (2017) 10 Things to Say to Keep the Peace.

https://www.realsimple.com/work-life/work-life-etiquette/sticky-situations/things-say-keep-peace

M, Clayton (2017) Roger Fisher, and William Ury: Principled Negotiation.

https://www.pocketbook.co.uk/blog/2017/06/27/roger-fisher-william-ury-principled-negotiation/

M, Dixit (2004) Theories of Conflict Resolution.

http://www.ipcs.org/comm_select.php?articleNo=1531

M. Carroll (2012) The Application of NLP Perceptual Positions. https://www.nlpacademy.co.uk/articles/view/resolving_conflict_by_exploring_different_perspectives/

Melissa (2018) The 5 Aspects of Emotional Intelligence and Why They Matter.

https://awato.org/5-aspects-emotional-intelligence-matter/

Nick (2016) POP for Safety.

https://nicholas-davies.com/pop-for-safety/

P. Scott (2016) The Power of Constructive Confrontation. https://cmoe.com/blog/the-power-of-constructive-confrontation/

PON Staff (2019) Four Conflict Negotiation Strategies for Resolving Value-Based Disputes.

https://www.pon.harvard.edu/daily/dispute-resolution/four-negotiation-strategies-for-resolving-values-based-disputes/

R. Reece, Emotional Intelligence and Conflict Management.

http://emotionalintelligenceworkshops.com/emotional-intelligence-conflict-management.htm

Rob (2014) 5 Stages of Conflict and Workplace Conflict Resolution. https://blog.udemy.com/stages-of-conflict/

S, Amaresan (2019) 5 Conflict Management Styles for Every Personality Type. https://blog.hubspot.com/service/conflict-management-styles

S, Kukreja, Types of Conflict Situations. https://www.managementstudyhq.com/types-of-conflict-situations.html

S, London, The Power of Dialogue. http://scott.london/articles/ondialogue.html

S. Campbell (2016) The Benefits of Conflict. https://www.entrepreneur.com/article/279778

S. Kline, 8 Ways to Improve Self- Regulation. http://preventchildabuse.org/wp-content/uploads/2016/10/8-Ways-to-Improve-Self-Regulation.pdf

S.J. Scott (2019) What is Self-Awareness and How to Develop it. https://www.developgoodhabits.com/what-is-self-awareness/

Stefan Jacobson (2017) The Benefits of Conflict Resolution. https://www.conovercompany.com/the-benefits-of-conflict-resolution/

T. Coke (2015) The Power of an Open Mind. https://www.hrmagazine.co.uk/article-details/the-power-of-an-open-mind

Unknown (2012) What Makes an Apology Authentic and Effective as a Resolution of Conflict? https://www.choiceconflictresolution.com/2012/10/31/what-makes-an-apology-authentic-and-effective-as-a-resolution-of-conflict/

Unknown (2014) What is the Difference Between Negotiation and Persuasion? https://www.scotwork.com.au/negotiation-blog/2014/what-is-the-difference-between-negotiation-and-persuasion/

Unknown (2015). Signs of Frustration. https://flowpsychology.com/signs-of-frustration/

Unknown (2016) 8 Ways to Improve Your Empathy. https://andrewsobel.com/eight-ways-to-improve-your-empathy/

Unknown (2017) 14 Ways to Approach a Conflict and Difficult Conversations at Work. https://www.forbes.com/sites/forbescoachescouncil/2017/07/17/14-ways-to-approach-conflict-and-difficult-conversations-at-work/#237397023cfd

Unknown (2018) Why Conflict is Good. https://www.christianmuntean.com/why-conflict-is-good/

Unknown (2019) Summary of Cooperation and Competition. https://www.beyondintractability.org/artsum/deutsch-cooperation

Unknown (2013) What is Conflict? - Understanding Conflict. http://www.typesofconflict.org/what-is-conflict/

Unknown, Conflict De-Escalation Techniques. https://vividlearningsystems.com/safety-toolbox/conflict-de-escalation-techniques

Unknown, Dynamic Risk Assessment - SAFER. http://www.conflictresolutionmanchester.com/risk-assessment.htm

Unknown, Life Skills Development Module Three: Conflict Management.

https://wikieducator.org/Life_Skills_Development/Module_Three/Unit_3:_Conflict_Management/Elements_of_conflict

Unknown, Skills You Need - Effective Speaking. https://www.skillsyouneed.com/ips/effective-speaking.html

Unknown, Skills You Need - Verbal Communication Skills. https://www.skillsyouneed.com/ips/verbal-communication.html

Unknown, Summary of Difficult Conversations: How To Discuss What Matters Most. https://www.beyondintractability.org/bksum/stone-difficult

Unknown, Ten Persuasion Techniques. http://www.how-to-negotiate.com/ten-persuasion-techniques.html

V. Greene, Persuasive Tactics to Close Your Next Deal. https://www.neurosciencemarketing.com/blog/articles/persuasive-tactics.htm#

VC. Nuance, Deal with Anger in a Conflict Situation. https://visihow.com/Deal_with_Anger_in_a_Conflict_Situation

Young Entrepreneur Council (2018). 14 Negative Body Language Signals and Speech Habits to Avoid. https://www.forbes.com/sites/theyec/2018/05/04/14-negative-body-language-signals-and-speech-habits-to-avoid/#1a6da62622f5

BONUSHEFT

Als Beilage zu diesem Buch erhalten Sie ein kostenloses E-Book zum Thema „Morgenroutinen der Gewinner".

In diesem Bonusheft „Morgenroutinen der Gewinner" erhalten Sie Übungen, die Sie in Ihrem Alltag problemlos anwenden können, um Ihr Selbstbewusstsein zu steigern.

Sie können das Bonusheft folgendermaßen erhalten:

Öffnen Sie ein Browserfenster auf Ihrem Computer oder Smartphone und geben Sie Folgendes ein:

gerardshaw.com/bonusheft

Sie werden dann automatisch auf die Download-Seite geleitet.

Bitte beachten Sie, dass dieses Bonusheft nur für eine begrenzte Zeit zum Download verfügbar ist.

www.ingramcontent.com/pod-product-compliance
Lightning Source LLC
Chambersburg PA
CBHW071353080526
44587CB00017B/3080